KB073261

설득하지 않는
설득의 기술

説得の戦略 交渉心理学入門
SETTOKU NO SENRYAKU KOUSHOSHINRIGAKUNYUMON
Copyright © 2017 by MASAHIKO SHOJI
Original Japanese edition published by Discover 21, Inc., Tokyo, Japan
Korean edition is published by arrangement with Discover 21, Inc.
through Tony International.

Korean edition © 2019 by Sansol Media

이 책의 한국어판 저작권은, 토니인터내셔널을 통한 Discover 21, Inc.와의 독점 계약으로,
"산솔미디어"에 있습니다. 저작권법에 의해 한국 내에서 보호를 받는 저작물이므로
무단전재와 무단복제를 금합니다.

설득하지 않는

Technique of Persuasion

설득의 기술

쇼지 마사히코 지음 | **이현욱** 옮김

산솔
SANSOL MEDIA
미디어

　　미국에서 대학 교수들의 상식을 뒤엎는 실험이 있었다.

　　바로 심리학자 낼리니 앰버디와 로버트 로젠탈이 실시한 실험이다.

　　이 실험에서는 학생들이 소리가 나오지 않는 몇 초 정도의 영상만 보고 교수의 능력을 평가했다. 즉, 내용은 전혀 듣지 않고 교수의 말하는 방식과 동작만으로 교수의 능력을 평가한 것이다.

　　그리고 여기에 행동경제학자 스티븐 세시의 실험 결과가 쐐기를 박았다.

　　세시가 자신의 평소 강의와 완벽하게 동일한 내용을 가지고 프레젠테이션 스타일로 강의를 해본 결과, 프레젠테이션 스타일로 강의를 한 학기의 학생들의 평가가 월등히 높았던 것이다.

　　교수들이 경악한 것도 무리가 아니다. 자신들에 대한 평가가 강의 내용이 아니라 강의 방식에 좌우되고 있었기 때문이다.

　　미국의 대학생들은 대학 등록금에 걸맞은 서비스를 기대한다. 교수들에 대해서도 입시학원 강사와 비슷한 수준의 준비를 원할 것이다.

그런데 이것이 수업 내용이 아니라, 말하는 방식이나 몸의 움직임이라는 수업 스타일로 평가되는 것이다.

반대로 생각하면 입시학원의 강사 역시 말하는 방식이나 몸의 움직임 등 수업 스타일로 평가되고 있는 측면을 부정할 수 없다. 교단 위에서 손짓 발짓을 섞어가며 열변을 토하는 강사가 가만히 서서 이야기하는 강사보다 더 높은 평가를 받을 것임은 자명한 사실이다.

업무상 필요한 프레젠테이션도 마찬가지이다.

객관적인 숫자나 데이터는 나중에 확인하면 되기 때문에 듣는 사람은 말하는 사람의 목소리, 표정, 제스처에 마음이 움직이게 된다.

거기에다 스토리로 듣는 이의 마음까지 사로잡는다면 무적의 프레젠테이션이 될 것이다. 어쩌면 자신도 모르게 눈물을 흘리는 사람마저 나올지도 모를 일이다.

물론 일대일로 설득이나 협상을 하는 경우에도 동일한 법칙이 적용된다.

　이 책에서는 먼저 서장과 제1장에서 프레젠테이션, 설득, 협상과 같은 상황에서 이야기 내용 이외의 요소가 얼마나 중요한지에 대해 인간의 심리를 바탕으로 설명한다.
　그리고 구체적인 설득 방법 및 스토리텔링과 같은 내용 면에 대해서는 제3장에서 자세하게 설명할 것이다.
　그 전에 제2장에서는 사람들 사이에서 반드시 생길 수밖에 없는 오해나 상식의 충돌에 대한 이론과 구체적인 사례를 제시하고, 사고 정지(思考停止)에 빠지지 않을 수 있는 대처 방법을 소개한다.

　요즘과 같이 모두가 바쁜 시대에 이 책을 읽는 데만 긴 시간을 투자할 수 없다.
　그래서 이 책에서는 각 섹션별로 맨 처음과 마지막에 각각 '포인트'와 '근거'를 정리했다.
　포인트와 근거만 훑어봐도 충분히 잘 활용할 수 있도록 꾸몄기 때문에, 책을 읽기 전에 먼저 각 섹션의 33가지 포인트를 확인해 보는 것도 좋은 방법이 될 수 있다. 책장을 훌훌 넘기면서 읽는다면 짧은 시간 내에 전부 확인할 수 있을 것이다. 나는 이 방법을 스캐닝법이라고 부른다. 이 방법만으로도 책의 대략적인 내용을 쉽게 파악할 수 있기 때문이다.

포인트를 전부 확인했다면 그 다음에는 관심이 가는 부분의 본문을 읽으면 된다.

그런데 인간은 '망각의 동물'이라 불릴 정도로 빨리 잊기 일쑤이다. 이 책을 다 읽었다 치더라도 채 일주일도 지나서 않아서 대부분의 내용을 잊어버릴 것이다.

그래서 추천하고 싶은 방법은 포인트만(또는 근거도 함께) 종이 한 장에 써서 눈에 잘 보이는 곳에 붙여두는 것이다. 화장실 문 안쪽과 같은 곳에 붙여두면 효과적일 것이다. 종이에 옮겨 쓰는 작업을 거쳐야 하기 때문에 내용도 더 깊게 이해할 수 있고, 기억에도 오래 남을 것이다.

이렇게 종이에 써서 붙여두고 몇 번이고 눈으로 보다 보면 내용이 머릿속에 자연스럽게 각인되어 필요할 때 반사적으로 행동할 수 있게 된다.

그리고 자신에게 필요하다고 생각되는 포인트만 뽑아서 스마트폰의 메모 앱 등에 기록해 두는 것도 효과적인 방법이다.

시간이 날 때마다 눈으로 보다 보면 본문 내용에 대한 기억을 환기시켜 줄 것이다. 메모를 봐도 기억이 잘 나지 않는다면 본문의 해당 부분으로 돌아가서 다시 확인하면 된다.

이 책은 교양서적이 아니라 실용서적이다.

실생활에 도움이 되어야 한다.

이 책에서 소개하는 내용 중 몇 가지라도 독자 여러분의 일이나 사생활에 도움이 된다면 정말 기쁠 것 같다.

이 책을 잘 활용한다면 당신의 인생이 확실하게 변하는 것을 체감할 수 있을 것이다.

소지 마사히코

❙ 목차

Contents

Contents

말보다
훨씬 **효과적인**
설득 수단

'프롤로그'에서는 말하는 내용보다 말하는 방식, 표정, 제스처 등이 더 중요하다는 이야기를 했다.

그렇다고 해서 프레젠테이션, 설득, 협상과 같은 상황에서 말할 내용이 전혀 없다면 곤란하다.

어디까지나 말하는 내용이 크게 다르지 않다면 (혹은 조금 진부하더라도) 주위 환경, 표정, 말하는 방식, 제스처, 복장 등이 상대방에게 굉장한 영향을 끼친다는 뜻이다.

그래서 서장에서는 다양한 실험을 바탕으로 말하는 내용 이외의 요소, 즉 주위 환경이나 말하는 방식 등이 어느 정도로 큰 영향력을 가지는지에 대해 설명할 것이다.

1

상대방에게
편안한 환경을 만든다

포인트

설득이나 협상은 맑은 날, 쾌적한 장소에서 하는 것이 효과적
이다.

먼저, 미국에서 실시되었던 흥미로운 심리학 실험 하나를 소개하겠다. 이 실험을 통해 누군가를 설득할 때 언어 이외의 요소가 얼마나 중요한지를 알 수 있을 것이다.

오하이오주립대학교 심리학과 교수 리처드 페티는 학생들을 4개의 그룹으로 나눠서 학교 등록금 인상에 대해 그 정당성을 피력하는 실험을 했다.

그룹1에 속한 학생들은 편안한 쿠션에서 누운 채로 듣게 했다.

그룹2에 속한 학생들은 딱딱한 소파에서 누운 채로 듣게 했다.

그룹3에 속한 학생들은 의자에 앉아서 듣게 했다.

그룹4에 속한 학생들은 선 채로 듣게 했다.

어떤 결과가 나왔을지 대충 예상이 될 것이다.

설득의 효과는 그룹1에서 가장 크게 나타났고 그룹2, 그룹3, 그룹4로 갈수록 떨어졌다.

또 다른 실험에서는 켄터키 주에 있는 루이빌대학교 심리학과 교수인 마이클 커닝햄이 학교 캠퍼스 안에서 설문조사라는 귀찮은 부탁을 하는 현장실험을 실시했다.

그 결과, 계절에 상관없이 쾌청한 날에 성공률이 높다는 사실이 입증되었다.

이 두 실험에서 밝혀진 점은 다음과 같다.

사람은 맑은 날, 마음이 편안한 상태에서 설득에 넘어갈 확률이 높다.

이와 같은 실험을 통해 '설득을 할 때 상대방이 편하다고 느끼는 환경에서 하면 성공률을 높일 수 있다'는 점이 일반적인 인식으로 자리 잡기 시작했다.

사실 '맑은 날 효과'의 유무에 대해서는 나도 직접 몇 곳의 가전제품 판매점을 방문해서 조사해 본 적이 있다. 계속 비가 내리는 장마 기간의 평일에 한가해 보이는 직원들에게 물었다.

"요즘 판매는 어떤가요?"

"드나드는 고객 수는 줄지 않았는데, 고객 수에 비해서 많이 팔리지는 않아요. 경기가 안 좋은 걸까요?"

대부분의 직원들이 위와 같이 대답했다.

나는 맑은 날에는 제품이 잘 팔리는지도 물어봤다. 그랬더니 직원의 70% 정도가 맑은 날에는 잘 팔린다고 대답했다.

날씨는 매장의 판매량, 경우에 따라서는 주가에까지 영향을 끼친다고 한다.

우리는 날씨가 맑으면 그 이유만으로도 신이 나고 마음이 들떠서 '그냥 사버려야지'라는 생각을 하게도 된다.

날씨 좋기로 유명한 캘리포니아 주에서 세계적인 벤처기업들이 잇따라 탄생하는 것도 맑고 쾌청한 날씨가 우리 인간의 마음을 긍정적으로 만들기 때문이라고 생각한다.

 이렇게 설득에 응용해 보자!

이처럼 어떻게든 상대방의 승낙을 받아내고 싶은 경우에는 가능한 한 상대방에게 편안한 환경을 만드는 것이 중요하다.

만약 당신이 여성이라면, 아름다운 석양이 보이는 아늑한 분위기의 바닷가 레스토랑에 앉아 기분 좋게 와인을 마시면서 프러포즈를 받는 것과 비 내리는 후덥지근한 날씨에 초라한 식당에서 프러포즈를 받는 것 중 어떤 상황이 더 마음에 드는가?

인생에서 프러포즈라는 것은 대단히 중대한 설득이고, 그에 대한 대답 역시 대단히 중대한 선택이다. 여기에서 여담을 좀 풀어보겠다. 남자친구와 결혼하고 싶은 마음이 확실하다면 어떤 상황에서 프러포즈를 받아도 상관없다고 생각할지도 모르지만, 이 단계에서 무리하게 자신의 마음을 속인다면 그 다음에 엄청난 일이 벌어질 수도 있다는 이야기도 해두고 싶다. 무슨 이야기냐고 하면…….

나는 직업상 수많은 이혼소송을 담당해 왔다. 그리고 수많은 여성들의 이야기를 들으면서 컴퓨터로 '진술서'를 작성했다(이혼소송에서는 법원이 쌍방의 진술서 제출을 반드시 요구한다).

그 과정에서 알게 된 점은, 남편에 대한 부인의 불만은 결혼 전부터 시작되는 경우가 많다는 점이다.

예를 들어 다음과 같이 시작되는 이야기를 자주 듣게 된다.

"남편에게 프러포즈를 받은 건 사귀기 시작한 지 6개월쯤 지났을 때였어요. 찌는 듯한 더위에 초라한 카페에서 프러포즈를 받았을 때는 정말 생각이 짧은 사람이라고 생각했지만, 격식 차리는 걸 싫어하는 수수한 사람이라고 이해하고 넘어갔습니다. 하지만 그 사람의 그러한 태도는 그 후에도 계속되었고……."

인간의 성격(특히 자신이 참을 수 없는 부분)은 신혼생활이 시작되었어도, 아이가 태어난 후에도, 쉽게 바뀌지 않는다.

그러므로 만약 당신이 프러포즈를 받았을 때 불쾌한 감정을 느꼈다면, 일단 대답을 유보하는 것이 현명하다.

생리적인 불쾌감이나 혐오감은 함께 살수록 더 커지면 커졌지, 줄어들지는 않는다. 그렇기 때문에 그 혐오감을 참아내면서 결혼 생활을 억지로 이어나가거나, 아니면 결정적인 선택을 하게 될 위험성이 굉장히 높다.

참고로 리츠칼튼 호텔에서 있었던 에피소드 하나를 소개하겠다.

미국 캘리포니아 주의 해변가에 있는 리츠칼튼 호텔에서 한 젊은 남자가 직원에게 의자 좀 빌려달라고 부탁했다. 이유를 물었더니, 해변에서 여자친구에게 프러포즈를 하려 한다는 것이었다. 직원은 즉시 알아차리고 그 남성을 턱시도로 갈아입힌 다음, 해변에 의자와 테이블을 마련해 주었다. 또한 테이블 위에 한 송이의 장미꽃과 차가운 고급 샴페인을 올려놓았고, 테이블 옆에는 손수건을 깔아두었다. 프러포즈를 하면서 무릎을 꿇을 경우까지 생각했기 때문이다.

이 에피소드는 전 세계로 퍼져나갔고, 리츠칼튼 호텔의 명성은 단번에 높아졌다.

이처럼 중요한 설득을 할 때는 환경에 각별히 신경 써야 한다.

비즈니스에서 중요한 상대방을 설득해야 할 경우, 만약 사무실에 딱딱한 의자와 테이블밖에 없다면 편안한 분위기의 카페나 레스토랑 등을 이용하는 것도 좋은 방법이다.

가능하다면 손님을 응대할 수 있는 쾌적한 공간 정도는 사무실 내에 마련해 놓아야 한다.

나는 접객 공간에 짙은 갈색의 큰 테이블(테이블이 낮으면 몸을 앞으로 숙여야 하는 경우가 종종 생긴다)과 쾌적하게 앉을 수 있는 같은 색의 팔걸이의자를 두고, 손님이 오면 창밖 풍경을 바라볼 수 있는 위치에 앉게 한 다음, 조용히 흐르는 배경음악을 튼다.

최근에는 저렴하면서도 품질 좋은 제품이 많기 때문에, 공간만 확보된다면 편안하고 고급스러운 분위기를 간단하게 연출할수 있다.

마지막으로, '맑은 날 효과'에 대해서 조금 더 보충 설명을 하겠다.

기업 간의 거래는 날짜와 시간이 대부분 정해져 있기 때문에, 날씨가 좋지 않더라도 어쩔 수 없이 미팅을 해야 하는 경우도 생긴다. 하지만 외근 영업의 경우에는 조금 더 신경을 쓸 수 있는 부분이 있다.

맑은 날은 새로운 거래처를 개척할 절호의 기회이다.

맑은 날의 상쾌한 기분은 마음에 여유를 가져다주기 때문에, 처음 보는 사람이 찾아와도 불편한 기색을 내보이지 않고 이야기를 한번 들어보려는 마음이 쉽게 생긴다.

반대로 비나 눈이 내리는 날은 이미 익숙한 고객이나 특히 먼 거리에 있는 고객을 찾아간다.

'이런 날씨에 일부러 여기까지 와주다니……' 하고 생각하는 사람이 많기 때문에, 계약이나 판매에 성공할 확률이 높아진다.

이처럼 설득에 보람이 있을지, 또는 오랫동안 좋지 않은 인상을 남길지는 그날의 환경에 따라 크게 달라진다.

심리학 실험 결과에 따르면
* 맑은 날에는 설득의 성공률이 크게 상승한다.
* 마음이 편한 분위기를 연출하면 설득의 성공률이 비약적으로 상승한다.

2

말의 내용보다 외모와 제스처를
용의주도하게 준비한다

포인트

말하는 내용보다 표정이나 제스처와 같은 시각정보의 영향력
이 훨씬 크다.
내용이 정해졌다면, 복장이나 프레젠테이션 스타일에 대한 준
비와 연습에 집중한다.

시각적으로 보이는 겉모습에 대해 이야기하자면 메라비언의
법칙을 빼놓고는 설명이 되지 않는다. 메라비언의 법칙은 1971
년에 '캘리포니아대학교 로스앤젤레스캠퍼스'(UCLA)의 심리학
과 명예교수인 앨버트 메라비언이 발견한 법칙이다.

메라비언은 말하는 내용과 말하는 방식(또는 태도)이 서로 모
순된 메시지를 보냈을 때 사람은 과연 어느 것을 더 중시하는지

에 대해 연구했다. 그랬더니 '말의 내용 등 언어정보가 7%' '말투나 말의 속도 등 청각정보가 38%' '외모 등 시각정보가 55%'라는 결과가 나왔다.

일본에서는 이 메라비언의 법칙이 커뮤니케이션 전반에 적용된다는 속설이 넓게 퍼져, 나 자신도 당초에는 그렇게 믿었다.

하지만 '감정이나 태도와 모순된 메시지를 전달할 때 사람이 받아들이는 방식'이라는 조건을 붙이더라도, 언어정보가 겨우 7%밖에 영향을 끼치지 않는다는 사실은 무시할 수 없는 결과이다.

또한 일본의 권위 있는 심리학자들도 "비언어적 커뮤니케이션이 때로는 언어적 커뮤니케이션보다 더 중요하고 효과적인 정보를 상대방에게 전달하여 대인관계에 영향을 끼친다"고 지적했다.

가장 주목을 받는 것은 보디랭귀지이고,
그 다음이 복장이나 본인의 외모와 같은 시각정보이다.

여러 비언어적 요소 가운데 보디랭귀지, 즉 동작을 사용한 커뮤니케이션은 자신이 생각하는 것 이상으로 상대방의 감정이나 사고에 영향을 끼친다.

프레젠테이션을 예로 들어보자.

최근 미국에서는 프레젠테이션의 내용보다 그 방식이 더 중요시되고 있다.

프롤로그에서도 언급했지만 하버드대학교의 심리학자 낼리니 앰버디와 로버트 로젠탈은 학생들이 교수의 능력을 어느 정도의 시간으로 판단하는지에 대해 실험을 실시했다.

자세한 과정은 생략하겠지만, 학생들은 음성이 나오지 않는 단 몇 초간의 영상만으로 판단을 내렸다.

결과적으로 말하는 내용보다는 말하는 방식, 얼굴 표정, 몸의 움직임 등을 통해서 듣는 이에게 얼마나 열의를 보여주는지를 저울질하는 것이었다.

행동경제학자 스티븐 세시는 몸소 강의를 하면서, 프레젠테이션 스타일이 교수에 대한 학생들의 평가에 어떤 영향을 끼치는지에 대해 실험을 했다.

봄 학기에는 일반적인 스타일로 수업을 했고, 가을 학기에는 봄 학기와 완전히 동일한 내용의 강의에 프레젠테이션 스타일을 추가했다.

그 결과, 프레젠테이션 스타일로 수업을 한 가을 학기의 강의 평가가 수치로 표시하자면 1.5 표준편차 이상 높았다고 한다. 1.5 표준편차 이상이라는 것은 굉장히 큰 차이이다. 이 결과에 세시 본인도 크게 놀랐다고 한다.

이런 실험을 통해 강의 내용보다도, 열정이나 움직임이 많이 드러나는 프레젠테이션 스타일의 강의 방식이 듣는 이에게 훨씬 큰 영향을 끼친다는 사실이 증명되었다. 강의 내용에 자신 있었던 교수들은 이 결과에 굉장히 큰 충격을 받았다고 한다.

스티브 잡스의 프레젠테이션은 파워포인트를 일체 사용하지 않고 자신의 말과 동작만으로 듣는 이를 매료시키는 것으로 유명하다(뒤쪽에 상품 사진을 비추는 경우는 있었지만 파워포인트와 같은 설명 도구를 사용하지는 않았다).

게다가 이 동작은 초 단위로 계산된 움직임이라는 이야기까지 들은 적이 있다.

지금은 TV 등에서 다른 기업의 CEO들이 신상품을 소개할 때 잡스처럼 몸을 움직이면서 설명하는 모습을 쉽게 볼 수 있다.

이처럼 표정이나 동작을 활용한 프레젠테이션 스타일을 사용하여 청중에게 강력한 인상을 남기는 방법은 미국에서는 오래전부터 보편적으로 사용되어 왔다.

그 전형적인 예가 바로 미국 대통령의 연설이다.

일본의 총리는 소신표명 연설을 할 때 원고를 읽지만, 미국의 대통령은 시선을 TV 카메라에 두고 제스처를 크게 취하면서 설득력 있는 메시지를 전하려고 애쓴다.

이런 미국 대통령의 연설 장면을 보면서 매력을 느끼는 사람도 적지 않을 것이다.

영어를 잘 모르거나 연설 내용을 이해하지 못한다 해도 표정과 제스처만 보고도 그 사람에 대해 신뢰감을 느끼는 사람 또한 적지 않을 것이다.

자신의 열의를 보여주기 위해서는 표정뿐만 아니라 힘 있는 제스처라는 보디랭귀지가 꼭 필요하다.

이때 자신의 호의를 보여줄 수 있는 보디랭귀지의 기본은 한 마디로 말하자면 '열린 동작'이다. 양손을 들어서 손바닥을 상대방에게 보여주는 등 상대방을 받아들인다는 동작을 취해 주면 상대방에게 자신의 마음이 충분히 전달될 것이다. 물론 만면에 웃음 띤 얼굴은 자신의 호의를 표현하는 가장 좋은 보디랭귀지이다.

반대로 미간에 주름을 잡거나, 팔이나 다리를 꼬고 있는 자세는 상대방을 거절하겠다는 암시를 주는 행동이기 때문에 주의해야 한다.

강한 설득력을 가지려면 듣는 이의 '시각' '청각' '신체감각'이라는 세 가지 감각을 자극하는 것이 중요하다.

이렇게 생각하면 적어도 미국에서는 파워포인트를 사용하여 단조롭게 말하는 프레젠테이션은 이제 현대의 화석이 되었다고 해도 과언이 아니다.

　아마도 가까운 미래에는 일본의 프레젠테이션도 듣는 이의 '시각' '청각' '신체감각'을 자극하는 방향으로 바뀔 것이다.

　이것은 일대일의 경우에도 마찬가지이다.

　프로야구팀 요미우리 자이언츠의 나가시마 시게오 전 감독은 선수들에게 배팅을 가르칠 때 대부분의 경우 '시각'과 '신체감각'만 사용한다고 한다.

　"여기서 뒤로 쓱 빼서 탁 하는 느낌으로 팔을 흔든다"와 같이 이야기하기 때문에, 대화 내용만 들어서는 무슨 말인지 전혀 알 수가 없다.

　하지만 자신의 몸을 움직이면서 설명하기 때문에 '쓱'이나 '탁' 같은 추상적인 표현을 사용해도 가르침을 받는 선수들은 쉽게 이해할 수 있다.

　물론 이것은 꼭 스포츠라는 특별한 상황에만 해당되진 않는다. 우리가 평소에 누군가와 대화를 할 때에도 '청각'을 자극해야 함은 말할 필요도 없지만, 제스처와 같은 신체적 동작 또한 상대방의 '신체감각'을 자극한다는 의미에서 아주 효과적이다.

　이렇듯 일대일의 설득에서도, 프레젠테이션처럼 다수의 사람을 상대로 하는 설득에서도, 보디랭귀지로 상대의 '신체감각'을 자극하는 방법은 굉장히 효과가 크다.

여담이지만, 취업 면접에서도 한정된 범위일지는 모르겠지만 제스처를 취하는 것이 면접관에게 호감을 사는 경우가 많다.

보디랭귀지 이외에
외모나 복장도 시각정보로 굉장히 중요하다.

이에 대한 전형적인 예로 자주 사용되는 것이 미국의 대통령 선거에서 있었던 케네디와 닉슨의 TV 토론이다.

토론 방송을 라디오에서 음성만 들은 케네디 진영에서는 패배를 각오했다. 하지만 막상 뚜껑을 열어보니 케네디의 압승이었다.

이 TV 방송 전에 방송국 직원이 두 사람에게 메이크업을 할지 말지를 물었다고 한다. 이때 닉슨은 토론의 내용이 중요하지 굳이 메이크업까지 할 필요가 있겠냐며 거절을 했지만, 케네디는 멋지게 해달라고 부탁했다. 그 결과, 한눈에도 외모가 훨씬 더 뛰어난 케네디가 보기 좋게 메이크업까지 받은 모습을 미국 국민들이 TV 화면을 통해 봤기 때문에 케네디가 큰 지지를 받을 수 있었다고 전해진다.

목소리만 들은 케네디 진영에서 패배를 각오할 정도로 닉슨에게 뒤지는 토론이었지만, TV 화면에 비친 두 사람을 보고 미국 국민들이 케네디를 지지했다는 것은 케네디의 외모가 압도

적으로 좋았기 때문이다. 정치에서도 외모를 중시하는 시대가
열린 것이다.

행동경제학 실험 결과에 따르면
* 교수에 대한 학생들의 평가에서는 '일반적인 스타일의 강의'
  보다 '프레젠테이션 스타일의 강의' 쪽이 압도적으로 점수가
  높았다.

3

말하기보다 듣기를 더 잘해야 한다.
상대방이 알아서 설득되기를 기다린다.

포인트

> 인간은 타인에 의해 움직이는 것을 싫어한다.
> 설득으로 '내가 결정했다'라고 생각하게 만들어야 한다.

첫 대면에서는 '초두 효과'라는 것이 있다.

인간은 처음 들은 사실을 가장 잘 기억한다. 특히 프레젠테이션이나 강연처럼 듣는 이가 다수인 경우에는 더욱 그렇다.

그렇기 때문에 프레젠테이션에서 가장 중요한 메시지는 처음에 말하는 것이 철칙이다.

예를 들면 맨 먼저 "오늘은 저희 회사의 작업 효율을 극적으로 향상시킬 세 가지 제안을 하려고 합니다"라고 말하는 것이다.

그리고 말을 하는 도중에 중요한 부분이 나오면 "이제부터 말할 내용은 굉장히 중요한 부분이기 때문에……"라고 언급한 다음, 한 템포 쉬고 속도를 점점 떨어뜨리면서 말을 이어간다.

주의가 산만하던 사람들도 이 말 한마디와 한 템포 쉬어가는 시간 덕분에 다음 이야기에 집중할 수 있게 된다. 사람들이 이야기에 집중하기 시작하면 말의 속도를 떨어뜨리고 천천히 이야기의 내용을 이해시킨다.

이때 단조로워지지 않도록 말하는 방식이나 속도, 목소리 크기를 조절하는 것도 잊지 않는다. 또한 적절한 보디랭귀지도 넣어주면 평소의 프레젠테이션보다 훨씬 좋은 결과가 나올 것이다.

다음으로 일대일의 경우도 생각해 보자.

대부분의 경우는 프레젠테이션 시의 주의사항만 지키면 별문제가 없다.

굳이 추가하자면 일대일로 설득을 할 때는 말을 잘하지 않아도 된다.

일대일 설득의 경우는 프레젠테이션과 같은 일방적인 설득이 아니기 때문에 상대방도 말을 하게 마련이다.

여기서는 상대방의 이야기를 충분히 잘 들어주는 것이 가장 중요하다.

진지한 자세로 장단을 맞추면서, 경우에 따라서는 다음 이야기를 재촉하는 것도 필요하다. 전체 시간의 70% 정도는 상대방의 이야기를 듣는 데 할애한다.

내가 생각하는 가장 멋진 설득이란 상대방이 스스로 자신을 설득해서 납득하는 것이다.

'우리에게 그것이 필요할지도 모른다. 아니, 분명 필요할 것이다. 그래, 결정했다. 빨리 납품해 줘.'와 같이 상대방이 자신을 납득시키고 스스로 결심해 주는 것이다.

여기서 중요한 점은, 상대방이 설득을 당하는 것이 아니라 스스로 결심하게 해야 한다는 점이다.

인간은 타인의 설득으로 자신의 생각이 바뀌는 것을 그다지 좋아하지 않는다. 상대방에게 굴복한 기분이 들기 때문이다. 그렇기 때문에 '설득되었다'가 아니라 '스스로 결정했다'로 만들 필요가 있다.

이런 전개는 현실에서 결코 드문 경우가 아니다.

변호사로 일하다 보니 의뢰인에게 '화해를 하면 어떻겠냐?'고 제안하고 천천히 상대방의 말을 들어주면, 어느새 "그렇게 생각하면 확실히 상대가 일방적으로 잘못한 것도 아니고 나한테도 약간의 실수가 있었네요. 플러스마이너스를 해보면 이렇게 되네요. 계속해서 싸우기만 한다면 기분만 나빠질 뿐이고……. 그래요, 결정했어요. 그렇게 할게요."라고 혼잣말로 중얼거리면서 스스로 납득하는 사람이 의외로 많다.

여기서 중요한 것은 딱 하나뿐이다. 상대방이 혼자 논쟁을 벌이며 혼잣말로 중얼거리는 동안은 절대 끼어들지 않는 것이다. 철저하게 스스로 결단을 내린 것으로 만들 필요가 있기 때문이다.

또한 일대일로 설득을 하는 경우는 시선을 마주치는 타이밍을 잘 맞춰야 한다.

계속 상대방의 눈을 쳐다본다면 상대방이 금세 지쳐버릴지도 모른다.

그렇기 때문에 '지금이다!'라는 생각이 들 때 시선을 맞춘다. 그러면 자신의 진실성과 열정이 상대방에게 확실히 전해질 것이다.

그리고 한 템포 쉬면서 간격을 두는 것도 잊지 말아야 한다.

상대방이 얼추 이야기를 끝냈을 때는 한 템포 쉬어준다. 이야기를 막 끝낸 상대방은 당신이 자신이 한 말의 의미를 되새겨보고 있다고 받아들일 것이다.

반대로 생각해 보면 바로 이해가 된다. 어떤 이야기를 끝낸 순간 상대방이 바로 말하기 시작한다면, 상대방이 자신의 이야기를 제대로 듣고 있었는지 의문이 들 것이다.

◆ 인간은 누구나 자신의 결정에 대해 더 책임감을 느낀다. 자신이 결정했다고 느낀다면 납득도 훨씬 쉬워질 것이다.

4

색의 효과를
활용한다

포인트

상황에 따라 색을 활용한다. 해외 정치가의 사례를 참고하면
좋다.

'색이 사람에게 미치는 효과'에 대해서는 이미 알고 있는 독자
도 많을 것이다.

여기서는 상황에 따라 어떤 색의 복장을 하면 좋을지에 대해
생각해 보겠다.

먼저, 자신의 '진심'을 보여주고 싶다면 빨간색 넥타이나 스카프
를 착용하는 것이 효과적이다. 빨간색이 상대방에게 자신의 '의
욕'이나 '열정'을 보여주는 데 효과가 있기 때문이다.

미국의 트럼프 대통령은 자주 빨간색 넥타이를 맨다. 이 빨간색 넥타이는 '파워 타이'라고 불리기도 한다. 그만큼 사람들에게 의욕이나 열정을 어필하기가 좋기 때문이다.

여담이지만 빨간색 아이템을 착용하면 상대방뿐만 아니라 자기 자신의 의욕까지 높여주는 효과가 있다고 한다.

영국의 대표적인 과학 잡지 《네이처》에 다음과 같은 실험이 소개되었다. 그 전까지의 경기 성적이 5 대 5인 두 축구팀을 대상으로 한 실험이다.

한쪽은 빨간색 유니폼, 다른 한쪽은 파란색 유니폼을 입고 수차례 축구 시합을 하게 했다. 그 결과, 빨간색 유니폼을 입은 팀은 55%, 파란색 유니폼을 입은 팀은 45%로 승률 면에서 무려 10%나 차이가 났다고 한다.

그런 의미에서 나는 예전부터 일본 축구 국가대표팀을 '사무라이 블루'에서 '사무라이 레드'로 바꾸는 편이 나을 것 같다고 생각해 왔다.

다음으로, 상대방에게 '위엄'을 보여주고 또 신뢰감까지 얻고 싶다면 검은색 정장을 입을 것을 추천한다. 검은색은 상대방에게 위엄과 품격을 보여주고, 또한 중후한 느낌까지 주기 때문이다.

그 증거라고 하기에는 조금 생뚱맞겠지만, 판사는 법정에서 검은색 법복을 착용한다. 이 검은색 법복은 자신의 위엄을 보여

줌과 동시에 당사자들에게 공정하고 공평할 것이라는 신뢰감마저 준다. 본래는 어떤 색에도 물들지 않는다는 의미에서 검은색 법복을 선택했다고 전해지지만, 위엄과 신뢰감을 동시에 전해 주는 크나큰 효과를 거두고 있다.

민사재판에서 화해 권고 결정을 받은 적이 있다면 잘 알겠지만, 이때 법복을 벗은 정장 차림의 판사를 보면 법정에서의 위엄이 사라지고 훨씬 부드러운 느낌이 든다. 딱딱하고 엄숙한 분위기가 아니라 쌍방이 유연하게 이해하고 양보할 수 있게 하려는 의도에서 일부러 법복을 벗는 것이라면, 그만큼 인간의 심리를 연구했다고 높이 평가할 만하다.

상대방에게 깨끗하고 냉정한 이미지를 심어주어 침착하게 논리적으로 설득하고 싶다면 파란색을 이용하는 것이 좋다. 사람은 파란색을 보면 빨간색과는 반대로 마음이 차분해진다. 그렇기 때문에 천천히 상대방의 지성에 호소하려면 파란색이 가장 적당한 색이다.

오바마 전 미국 대통령은 TV를 통해 국민들에게 연설을 할 때 자주 파란색 넥타이를 맸다. 이는 선거처럼 열광적인 분위기를 조성하는 것과는 대조적으로 침착하게 이야기를 들어주길 바랐기 때문이다.

상대방에게 친근감을 주면서 이야기를 이끌어내고 싶다면 노란색을 이용한다. 노란색은 심리학적으로 사람을 밝게 만들고 친근감을 주기 때문에, 마음을 열게 하는 효과가 있다.

그래서 '커뮤니케이션 컬러'라고 불리기도 한다.

그렇기 때문에 친하게 지내고 싶은 상대와 처음으로 만날 때나, 상대방이 말을 많이 하도록 만들어 정보를 얻고 싶을 때에는 노란색을 사용하면 좋다.

아마도 미국의 트럼프 대통령이 중요한 사안이 있을 때면 노란색 넥타이를 매는 것도 상대방에게 친근감을 주는 효과를 노리기 때문일 것이다.

상대방에게 사과를 하는 상황에서는 회색을 이용하는 것이 좋다. 회색에는 상대방의 경계심을 풀고 온화한 인상을 주는 효과가 있기 때문이다.

기업이 대국민 사과문을 발표하는 기자회견 장면을 한번 상상해 보자. 색채 효과에 대해 조언해 주는 사람이 있는 기업이라면 회색 정장이나 회색 넥타이를 한 사람이 적어도 한 명 정도는 서 있을 것이다.

이렇듯이 색채 효과를 절대 소홀히 해서는 안 된다.

최근에는 넥타이를 매지 않는 것이 주류가 되어가고 있지만, 업무상 중요한 설득이 필요한 경우에는 여전히 넥타이의 역할이 클 것이다.

여성은 남성보다 정장 블라우스나 스카프 등의 색을 다채롭게 조합할 수 있는 만큼 색채 효과를 극대화시킬 수 있기 때문에 잘 활용해 보면 좋을 것 같다.

이제까지 설명한 색 활용법은 연애에서도 물론 응용을 할 수 있다.

사귄 지 얼마 되지 않아 더욱 친해지고 싶은 이성과 데이트를 하게 될 경우, 남자는 노란색 폴로셔츠나 넥타이, 여자는 노란색 원피스를 입는 것을 추천한다.

인간은 색에 따라 느끼는 인상이 확연하게 달라진다.
◆ 빨간색: 진정성
◆ 검은색: 위엄과 신뢰
◆ 파란색: 침착함
◆ 노란색: 친근함
◆ 회색: 사과의 의미

5

퍼스널 스페이스를
활용한다

포인트

설득하고 싶은 내용에 따라 상대방과의 거리를 바꿔본다.

'퍼스널 스페이스(personal space)'라는 말을 들어본 적이 있는가?

미국의 문화인류학자 에드워드 홀은 상대방과의 관계와 거리감을 다음과 같이 분류했다.

1. 밀접한 거리: 0~45센티, 쉽게 상대방의 신체에 접촉할 수 있는 거리

2. 개인적 거리: 45~120센티, 두 사람 모두 손을 뻗으면 상대방

에게 닿을 거리

3. 사회적 거리: 120~350센티, 신체에 닿지 않는 거리

4. 공적인 거리: 350센티 이상, 강연회나 공적인 만남에서의
   거리

이 가운데 1의 밀접한 거리를 일반적으로 '퍼스널 스페이스'라 부른다. 이것은 동물의 '영역' 의식에서 기인한 것이라고 한다. 사람마다 차이가 있겠지만 일반적으로 '마음에 드는 상대'가 퍼스널 스페이스 안에 들어올 때는 안심하지만, '마음에 들지 않는 상대'가 들어오게 되면 불안감을 느낀다.

그리고 퍼스널 스페이스에 동성이 들어오는 것에 대해 남성이 여성보다 더 민감하게 반응하는 경향이 강하다. 동물 역시 수컷의 '영역 의식'이 더 강하다.

설명은 이 정도로 하고, 자신의 실제 경험을 떠올려 보자.

엘리베이터 안에서 모르는 사람들에게 둘러싸여 있을 때, 문 위에 표시되는 층수를 자주 확인하지는 않는가? 승객들이 빼곡하게 자리 잡은 전철 안에서 주변에 눈을 둘 곳이 없어 전철 안의 정차역 표시등이나 광고를 쳐다보는 경우는 없는가?

아마도 대부분의 사람들이 이런 행동을 해본 경험이 있을 것이다. 이것은 시선을 다른 곳에 집중함으로써 자신의 퍼스널 스페이스에 알지 못하는 타인이 들어와 있다는 불쾌감을 무의식

적으로 완화하는 행동이다.

 이렇게 설득에 응용해 보자!

개인차는 있지만,
인간은 누구나 자신의 퍼스널 스페이스를 가지고 있다.

여기까지 이해가 되었다면 다음 질문으로 넘어가겠다.
미팅이든 회사의 회식 자리든 상관없다.
관심 있는 이성이 있다면 정면에 앉는 것이 좋을까? 아니면
옆자리에 앉는 것이 더 좋을까?

벌써 눈치 챘겠지만, 옆자리에 앉는 편이 훨씬 유리하다. 지
나치게 특이한 구조가 아니라면, 테이블을 사이에 두고 정면으
로 앉는 것보다 옆자리에 앉는 것이 거리가 더 가깝기 때문이
다. 옆자리에 앉게 되면 상대방의 퍼스널 스페이스에 당당하게
들어갈 수 있다.
그렇기 때문에 남녀 모두 가까워지고 싶은 상대가 있다면 가
능한 한 옆자리에 앉는 것을 추천한다.

데이트를 할 때 영화관에 자주 가는 것도 무의식적으로 퍼스

널 스페이스 효과를 이용하는 것일지도 모른다.

연애를 잘하는 여성에게 들은 이야기를 하자면, "이거 좀 봐 봐"라고 말하며 자신의 스마트폰 화면을 상대방 남성에게 보여 주면서 자연스럽게 그 사람의 퍼스널 스페이스에 들어가는 방 법도 있다고 한다.

멀리서 바라보기만 해서는 절대 사랑을 쟁취할 수 없다. 어색 한 대화도 때로는 역효과가 발생할 수 있다. 그것보다는 확실하 게 상대의 퍼스널 스페이스로 들어가 보자.

심리학적으로 인간은 거리가 가까운 상대에게 친근감을 느끼 기 때문에, 상대의 퍼스널 스페이스에 빈번하게 들어가는 것은 굉장히 효과적인 접근 방식이다.

하지만 싫어하는 이성이 퍼스널 스페이스에 들어오는 것은 예외 없이 누구에게나 굉장히 불쾌한 일이다.

한 번 상대방의 퍼스널 스페이스에 들어가 보고 상대방이 나 와의 거리를 넓히려고 하는 반응을 몇 번 정도 보인다면, 빠르 게 포기하기 바란다. 아무리 애를 써도 미움만 받을 뿐이다. 마 음을 빨리 접고 다른 이성을 찾아보자.

이제 연애에서 비즈니스로 화제를 바꿔보겠다.

앞서 남자가 여자보다 퍼스널 스페이스를 더 강하게 의식하는 경향이 있다는 이야기를 했다. 그렇기 때문에 남성과 남성의 첫 만남에서 바로 서로의 퍼스널 스페이스로 들어가는 것은 그다지 바람직한 행동이 아니다. 이것은 여성과 여성의 만남에서도 마찬가지이다.

하지만 어느 정도 친밀해진 상태에서 퍼스널 스페이스에 들어가면 더 친밀한 사이가 되는 효과를 거둘 수 있다.

거래처의 중요한 사람과 술을 마실 기회가 생겼을 때는 내밀한 이야기가 아니라면 눈치 빠른 여성 바텐더가 있는 술집에서 이야기를 나누는 것을 추천한다. 이야기가 끊기는 중간 중간에 그 여성 바텐더가 도움을 줄 수도 있기 때문이다.

바텐더는 원칙적으로 고객 사이의 대화에 끼어들어서는 안 되겠지만, 여성이 남성보다 커뮤니케이션 능력이 뛰어나기 때문에 '원군'으로는 여성 바텐더가 상당히 믿음직스럽다.

처음에는 약간 어색한 느낌이 들었더라도 알코올이 들어가 어느 정도 마음이 편해지면, 서로의 개인적인 공간 안에서 진심을 나눌 수 있는 관계가 형성될 수 있다.

이 방법은 부하에게 주의를 줄 때도 아주 유용하다.

설득에 뛰어난 상사는 우선 퍼스널 스페이스 밖에 부하를 세우거나 앉힌 상태에서 잘못된 부분을 확실히 지적한다.

그 다음에 슬쩍 부하의 옆자리로 옮겨서(자연스럽게 부하의 퍼

스널 스페이스에 들어가) 어깨를 두드리며, 항상 기대하고 있다
는 말을 잊지 않는다. 이 동작 하나만으로도 부하의 의욕을 확
실히 북돋울 수 있을 것이다.

아주 오래된 이야기지만, 일본의 미키 다케오 전 총리는 설득
을 잘하기로 유명했다.

소파에 서로 마주 보고 앉아 '이치'에 대해 말하다가, 상대방
이 기가 꺾이면 바로 그 옆자리로 이동해서 밝은 목소리로 격려
하며 무릎을 두드려 주었다고 한다.

'이치'로 설득하고 '정(情)'으로 목적을 달성하는 방법이다.

◆ 인간에게도 '퍼스널 스페이스'라고 불리는 자신의 영역이 있다.
   상대방의 '영역'에 잘 들어갈 수만 있다면 친밀도가 확실히 높
   아진다.

인간의 기본적인 **심리 메커니즘**을 이해한다

상대방의 심리 메커니즘을 이해하고 그에 맞는 환경과 재료를 준비할 수 있다면, 설득의 80%는 성공한 것이나 마찬가지이다. 설득의 80%가 성공했다면 커뮤니케이션에 관한 고민이 사라져, 자신을 둘러싼 인간관계가 극적으로 좋아질 것이다.

대부분의 사람에게 적용되는 '인간의 심리 메커니즘'은 현재 많은 부분이 밝혀진 상태이다. 이 메커니즘을 이미 알고 있는 사람과 그렇지 않은 사람은 그 행동의 결과가 크게 다를 것이다.

제1장에서는 상대방의 심리를 이해하는 데 꼭 필요한 인간 심리의 원칙들 가운데 설득과 관련된 부분을 소개하고자 한다.

이 지식을 확실히 자기의 것으로 만들어서 이용한다면, 대인관계에 관한 대부분의 고민을 해결할 수 있을 것이다.

또한 대처법, 긍정적인 답변을 얻어내는 환경을 만드는 방법, 이를 위한 재료를 준비하는 방법 등에 대해서도 구체적으로 설명할 것이다.

1

행동이
감정과 생각을 바꾼다

'섹스를 하면 애정이 생긴다'라는 실험 결과가 있는 것처럼, 스스로의 행동이 감정이나 생각까지 바꾸는 경우가 많다.
먼저 상대방을 행동하게 만드는 것이 중요하다.

일반적으로 '사람은 감정이나 생각이 먼저이고 그에 따라 행동을 한다'고 생각되어 왔다. 하지만 반대로, 행동이 감정과 생각을 바꾼다는 것이 실제로 증명되었다. 19세기 말부터 20세기 초까지 활약한 저명한 심리학자 윌리엄 제임스의 학설에서 유래된 것이다.

예를 들어 '방긋 웃으면 행복해진다'거나, '미간을 찌푸리면 슬픈 기분이 든다'는 것은 바로 행동이 감정을 바꾸는 전형적인 예이다.

한번 시험 삼아 방긋 웃어보자.
젓가락이 있다면 양쪽 입꼬리에 대고 1분간 유지해 본다.
어떤가? 조금은 마음이 즐거워지지 않았는가?

마찬가지로 행동은 감정뿐만 아니라 생각도 바꾼다.
만약 영화를 보고 싶은데 친구의 적극적인 권유로 연극을 보러 갔다고 해보자. 이때는 연극 무대를 보고 있는 자신의 행동을 객관적으로 관찰하여 '봐, 나는 지금 연극을 보면서 즐거워하고 있어. 어쩌면 나는 영화보다 연극을 더 좋아하는지도 몰라.' 라고 생각하며, 연극에 대해 좋은 인상을 가지게 된다.
그 전까지는 연극에 대해서는 관심도 없었고 항상 영화만 보던 사람이라도 마찬가지이다.
왜냐하면 인간은 누구나 자신이 내린 결정을 정당화하려는 경향이 있기 때문이다.

위의 예시에서 생각해 보면,
'친구가 적극적으로 권유한다' ⇨
'연극을 보는 행동을 한다' ⇨
'(지나치게 이상한 내용만 아니라면) 나름대로 즐긴다' ⇨
'연극을 보기로 한 결정은 옳았다' ⇨

'지금까지는 몰랐지만 사실 나는 연극을 좋아한다'
는 흐름이 된다.

더 알기 쉬운 예를 들어보겠다.

어떤 사람이 스마트폰을 사려고 고민하다가, 아이폰이 아닌 안드로이드 기반의 스마트폰을 선택했다고 해보자.

친구에게 보여주자 친구가 "왜 아이폰을 안 샀어? 아이폰이 훨씬 편한데."라고 말한다.

이때 이 사람은 어떻게 반응할까?

"진짜 잘못 산 거 같아. 그때 잠깐 정신이 나갔었나 봐."라고 대답하는 사람은 극히 드물고 "아니야. 전 세계적으로 안드로이드 기반의 스마트폰이 점유율도 높고, 구글의 새로운 디바이스를 생각하면 이제는 안드로이드의 시대야."라고 대답하는 사람이 대부분일 것이다.

선택을 할 때 망설였다고 해도 일단 구입이라는 행동을 하고 나면 자신이 구입한 것이 단연 좋은 제품이라고, 자신의 판단이 옳았다고 생각하는 것이 인간이다.

그리고 자신의 행동이 옳았다는 사실을 증명하기 위한 재료(근거)를 다양하게 준비하고 안심한다.

자신의 행동에 이의를 제기하는 사람이 있으면 자신에게 유리한 정보를 이용하여 반론한다. 위의 예시라면 구글의 새로운 디바이스가 '유리한 재료'가 된다.

이미 구입해 버린 자동차의 좋은 리뷰나 제조업체 사이트를 보며 안심하는 사람들이 많은 것도 이와 같은 심리 때문이다.

일본에서 베스트셀러가 된 나카노 노부코의 《뇌내마약》에도 다음과 같은 흥미로운 내용이 나온다.

"애정이 있기 때문에 섹스를 하고 싶어지는 것인지, 섹스를 하면 애정이 생기는 것인지 하는 문제가 종종 화제가 된다. 동물의 외도에 관한 연구를 통해 이 문제의 답은 부분적으로 후자, 즉 '섹스를 하면 애정이 깊어진다'라는 사실이 밝혀져 왔다."

이 책에 이에 대한 근거가 나오지는 않지만, 앞서 설명한 '행동 ⇨ 감정·생각'이라는 방향성과 일치한다는 것을 알 수 있다.

그런데 섹스를 하면 뇌에 도파민이 분비되어 쾌락 상태가 된다는 이 책의 취지에서 생각해 보면, '행동'과 '감정·생각' 사이에 '도파민 분비'라는 요소가 들어가는 만큼 통상적인 '행동 ⇨ 감정·생각' 경로보다 더 강력한 효과가 있을 것이라는 추측도 가능하다.

말할 필요도 없지만, 폭력이나 마약 등으로 의식을 잃게 만든 다음 강제로 성적인 관계를 맺는다 해도 절대 애정은 생기지 않는다. 애정은커녕 강간, 준강간이라는 중대한 범죄가 된다.

어디까지나 상대방에게 (분위기 등으로 다소 약해져 있다고 해도) 판단력이 있다는 것이 전제가 되어야 한다. 상대방이 판단을 내린 다음 취한 행동이기 때문에 상대방이 자신의 행동을 정당화하려고 하는 것이다.

이것을 앞서 소개한 '자신의 행동을 정당화한다'라는 관점에서 분석해 보면,

'나는 그 남자친구(여자친구)와 섹스를 했다' ⇨

'도파민이 분비되어 쾌락 상태가 된다' ⇨

'남자친구(여자친구)와 섹스를 하고 쾌락 상태가 되었으니, 자신의 판단은 틀리지 않았다' ⇨

'왜냐하면 나는 남자친구(여자친구)를 사랑하니까'

라는 흐름이 도출된다.

 이렇게 설득에 응용해 보자!

그렇다면 이상에서 살펴본 이론을 비즈니스에서 어떻게 응용할 수 있을까?

앞으로도 지속적으로 수주를 기대할 수 있는 상대방이 자사 제품과 타사 제품 중 어느 것을 선택해야 좋을지 고민하는 경우에는, 손실을 감수하고라도 파격적인 조건을 제시해서 일단 자사 제품을 선택하게 만든다.

그러면 상대방은 자신의 행동을 정당화하려 할 것이다.

"왜 저 회사 제품을 선택했어?"라는 동료의 질문에도 (자신의 판단을 정당화하기 위해) 선택한 회사 제품의 장점을 열심히 설명할 것이다.

이렇게 자신이 한 행동의 정당성을 계속 주장하다 보면 차츰 그것이 진실이라고 믿게 된다. 그러면 상대방은 자신이 선택한 제품을 마음속 깊은 곳에서부터 응원하게 될 것이다.

자신에게 유리한 행동을 상대방이 일단 하도록 만드는 것이 아주 중요하다.

- 인간은 일단 행동으로 옮기게 되면 그 행동을 정당화하려고 한다.

2

사람은 기본적으로
보수적이다

포인트

마음속의 이미지는 과거의 경험과 같은 효과가 있다.
선명한 이미지를 가지도록 만들어, 경험 부족에서 쌓인 보수적
인 장벽을 깨자.

행동이 감정과 생각을 바꾼다고는 하지만, 사람으로 하여금
어떤 행동을 하게 만든다는 것은 그렇게 쉽지만은 않다. 왜냐하
면 기본적으로 인간은 새로운 행동을 하는 데 저항을 보이는 경향이 있
기 때문이다.

인간의 근원적인 욕구 가운데 '안전 욕구'라는 것이 있다. 인
본주의 심리학의 창시자로 유명한 에이브러햄 매슬로우가 20세

기 중반에 연구·발표한 욕구 단계 이론에서 가장 기본적인 '생리적 욕구' 바로 다음 단계의 욕구이다.

매슬로우는 인간의 욕구를 최저 차원에서부터 최고 차원에까지 다음과 같이 다섯 단계로 분류했다.

1. 생리적 욕구
2. 안전 욕구
3. 사랑과 소속 욕구
4. 존경 욕구
5. 자아실현 욕구

우리는 이 '안전 욕구' 때문에, 지금까지 안전했다면 앞으로도 지금의 방법을 고수해야 계속 안전할 수 있다고 생각한다.

만약 새로운 방법을 택하거나 새로운 장소로 이동한다면 예측하기 어려운 위험이 기다리고 있을지도 모른다. 그래서 지금과 똑같은 방법을 취하고 지금까지 살던 곳에서 계속 사는 것이다. 그뿐만이 아니다. 지금이 자신에게 크게 바람직한 상황이 아니더라도, 잘못된 선택으로 지금보다 더 괴로운 상황에 처할지도 모른다고 생각한다. 그렇기 때문에 지금의 상황이 더 안전하다고 생각하여, 기존의 방법을 유지하고 현재 사는 곳에 그대로 머무르는 것이다.

일반적으로 인간은 과거에 집착하는 경향, 즉 보수적인 경향이 있다.

그렇기에 새로운 행동을 하는 것을 본능적으로 거부한다. 상대방으로 하여금 지금까지 경험한 적이 없는 행동을 하게 만들려면, 이 보수성이라는 장벽을 어떻게든 극복해 내야 한다.

그렇다면 어떻게 이 장벽을 무너뜨릴 수 있을까?

사회과학자인 베티아 페트로바의 연구(Journal of Consumer Research, 2005)에 따르면, 레스토랑에서 식사를 하거나 휴가를 내어 여행을 떠나는 모습을 쉽게 상상하는 것만으로도 고객은 실제로 그곳에 가고 싶다는 욕구가 더 강해진다고 한다.

자신이 체험하는 모습을 쉽게 상상할 수 있다면 심리적으로 자신의 실제 경험과 같은 효과가 생기기 때문에 인간의 보수성이라는 장벽을 쉽게 넘을 수 있는 것이다.

인간은 마음속에서 경험한 것과 과거의 실제 경험을 동일시하는 경향이 있다.

그래서 마음속으로 경험하는 것만으로도 미경험에서 오는 불안감이 크게 줄어들기 때문에 '(현실에서의) 첫걸음'을 내딛는 데 저항이 사라진다.

 이렇게 설득에 응용해 보자!

비즈니스에서도 실제로 상대방이 경험하지 않은 일이라도 쉽게 상상할 수 있도록 만들어주기만 하면 긍정적인 결과를 얻기 쉬워진다.

신제품을 소개할 때에는 사람들이 그 신제품을 효과적으로 사용하는 동영상을 보여주면서 모의 체험을 하게 만든다.

고객에게 한 번도 가본 적이 없는 나라의 여행 상품을 추천하는 경우, 그 나라의 관광명소에서 고객과 비슷한 인물(같은 성별이나 비슷한 연령의 사람)이 즐겁게 여행하는 사진이나 동영상을 보여주면 자신이 여행하는 모습을 쉬이 상상하게끔 만들 수 있다.

사실 TV 광고의 대부분도 이 상상효과를 노린 것이다.

반대로 자신이 직접 사용하는 모습을 전혀 상상할 수 없는 제품이라면 그것을 사용하게 만들기 어려울지도 모른다.

이처럼 사람은 상상이 가능할 때 새로운 행동에 도전하기 쉬워진다.

그렇기 때문에 상대방으로 하여금 사용해 본 적이 없는 제품이나 경험이 없는 행동을 하게 만들려면, 상대방이 쉽게 상상할 수 있도록 유도하는 것만으로도 큰 도움이 된다.

더 쉬운 예를 들어보자.

처음으로 남자친구나 여자친구에게 호텔에 가자고 말하려는 경우, 그 호텔의 내부를 다양한 각도에서 촬영한 사진이나 동영상을 보여주고 "여기 어때? 한 번 가볼까?"라고 말한다면 성공할 가능성이 더 높아진다.

방 내부의 사진이나 동영상을 본 상대방은 자신이 그 방에 있는 모습을 쉽게 상상할 수 있게 되기 때문이다. 즉 '처음 가는 느낌'이라는 장벽이 사라지는 것이다.

부인이나 남편에게 여행을 가자고 권할 경우에도, 단순히 "이번 휴가 때 ○○ 한 번 가볼래?"라고 말하는 것보다는 ○○에 있는 불고기 맛집이나 관광명소를 예쁘게 촬영한 사진이나 동영상을 보여주며 설득한다면 성공 확률이 더 높아질 것이다. 사람들이 불고기를 맛있게 먹고 있는 모습을 본다면 상대방은 그것만으로도 군침을 삼킬지 모른다.

이처럼 상대방을 처음 하는 행동으로 유도해 내기 위해서는 상대방이 쉽고 선명하게 상상할 수 있는 사진이나 동영상을 보여주며 설득을 하게 되면 성공 확률이 훨씬 높아진다.

사회과학 연구에 따르면
◆ 인간은 '마음속에서 경험한 것'과 '과거의 실제 경험'을 동일시하는 경향이 있다.
◆ 그렇기 때문에 마음속에서 한 번 경험을 하면 미경험에서 오는 불안감이 크게 줄어든다.

3

사람은 일관성 있는
행동을 하려 한다

> **포인트**
>
> 약속을 지키게 만들고 싶다면 그 내용을 본인에게 직접 쓰게
> 한다.

앞서 인간은 자신이 내린 결정을 정당화하려는 경향이 있다
는 이야기를 했다. 이와 비슷한 경향으로,

인간은 명확하게 의사를 표시하고 나면 그 내용에 따라 행동
할 가능성이 높아진다.

사회심리학자 모튼 도이치와 헤럴드 제라드가 실시한 실험 가운데는 다음과 같은 것이 있다.

실험자가 피실험자들에게 마음속으로 화면에 비친 선의 길이를 추측하도록 만들었다.

첫 번째 그룹은 추측한 길이를 종이에 적어 서명을 한 다음 제출하도록 했다.

두 번째 그룹은 화이트보드에 답을 쓰게 한 다음 바로 지우도록 했다.

세 번째 그룹은 답을 머릿속에서 생각하도록 했다.

그 다음, 실험자는 근거를 제시하며 각 그룹의 피실험자들에게 '당신의 답이 틀렸을 가능성이 있다'고 말했다. 그 후에 다시 테스트를 한 결과, 머릿속에서만 답을 생각한 세 번째 그룹은 전원이 생각을 바꿨고, 화이트보드에 답을 쓴 두 번째 그룹에서는 기존에 기입한 답을 고수하려는 참가자도 있었으며, 종이에 답을 쓴 첫 번째 그룹은 기입한 답을 바꾸려고 하지 않는 참가자가 대부분이었다.

더 강력한 방법으로 답을 쓴 참가자일수록 자신이 쓴 답에 집착한 것이다.

이것은 명확하게 의사 표시를 한 사람일수록 그렇지 않은 사람보다 (설사 틀렸다고 생각하더라도) 일관성 있는 행동을 하려는 경향이 강하다는 사실을 여실히 보여주는 실험이다.

 이렇게 설득에 응용해 보자!

이 심리 작용을 직장에서는 '기획서 제출 기한'에 적용해 볼 수 있을 것이다.

직원들에게 '저는 몇 월 며칠까지 기획서를 제출하겠습니다'라고 종이에 적어 내게 한 다음, 그 결과를 직장 내에 게시하는 것이다.

이러한 방법을 쓰면, 그동안 제출 기한을 지키지 않는 직원이 몇 명쯤 있었던 경우에도 거의 전원이 기한을 지키게 될 것이다. 자주적으로 명확하게 자신의 의사를 표시한 만큼 자신의 의사와 일치되는 행동을 하려고 하기 때문이다.

마찬가지로 학교나 직장에서도 본인에게 직접 목표를 쓰게 하여 그것을 공고하고 나면, 개개인의 목표 달성 가능성이 그렇지 않은 경우와 비교해 볼 때 확실히 높아진다는 것을 알 수 있다.

또한 위약금이 발생하지 않더라도 가계약서나 각서에 서명을 하게 한다면, 구두로 약속하는 것보다 본계약을 체결할 확률이 월등히 높아질 것이다.

- 인간은 모두 자신을 성실한 사람이라고 생각하기 때문에, 자신이 한 약속을 지키려고 노력한다.
- 사회심리학 실험에서 자신이 명확하게 의사를 표시한 경우에는 그렇지 않은 경우보다 일관성 있는 행동을 하려는 경향을 보였다.

4

사람은 공통점과 칭찬에 약하다

포인트

상대방과의 공통점을 발견하면 거리가 훨씬 좁혀진다.
출신지, 출신학교, 연령 등 공통점을 찾아본다.

　상대방에게 어떤 사안이든 의사결정을 하게 만들기 위해서는 상대방과 우호적인 관계를 쌓는 것이 필수 요건이 된다. 우호적인 관계로까지 발전하지는 못하더라도 최소한 좋은 인상을 남기지 못한다면, 상대방은 자신이 원하는 대로 의사결정을 해주지 않을 것이다.

　'○○를 사러 갔는데 점원의 태도가 마음에 들지 않아서 사지 않았다'라든지 '직장에 A사 직원이 영업을 하러 왔는데 아무리 봐도 그 영업직원이 마음에 들지 않아서 거절했다'와 같은 이야기를 자주 들을 수 있다.

반대로 '그 매장 직원의 느낌이 좋아서 생각보다 더 많이 사버렸다'라든지 '담당자가 좋은 사람 같아서 일단 시험 삼아 한번 거래해 보기로 했다'와 같은 말 역시 자주 듣게 될 것이다.

첫 만남에서 상대방이 '느낌이 좋다'라는 인상을 받았다는 것은 바꿔 말하면 자신이 상대방에게 '좋은 인상'을 남겼다는 것이 된다. 이 경우에 상대방은 원래 살 마음이 없었음에도 구입을 하게 된다. 즉, 좋은 인상을 받아 호감을 가지게 되어 의사결정을 하게 되는 것이다.

그렇다면 만약 상대방에게서 별다른 인상을 받지 못한 경우는 어떨까?

예를 들어 처음부터 햄버거를 사려고 맥도날드에 갔다면 햄버거를 사서 돌아올 것이다. 왜냐하면 맥도날드에 가기 전부터 햄버거를 사야겠다는 결정을 내려놓았기 때문이다.

이처럼 처음부터 의사결정을 해놓은 상대방이라면 아예 설득을 할 필요가 없다. 기껏해야 상대방이 그 결정을 뒤집지 않게끔 나쁜 인상을 주지 않도록 신경만 쓰면 될 것이다.

하지만 지금 이 책에서 말하는 '설득'이라는 것은 설득을 통해 상대방이 의사결정을 하도록 만드는 것이다. 상대방의 마음 상태를 그대로 두는 것이 아니라, 자신에게 유리한 방향으로 움직이게 만들어야 한다. 즉 의사결정을 하게 만들 필요가 있다.

이때 상대방에게 아무런 인상도 주지 못한다면 설득이 불가능하다. 어떠한 형태든 긍정적인 인상을 남겨야만 한다.

우호적인 관계를 만든다는 것은 다르게 표현하자면 상대방에게 자신에 대한 긍정적인 인상을 남기는 것이다.

그렇다면 상대방에게 긍정적인 인상을 주기 위해서는 어떻게 해야 할까?

최소한으로 지켜야 할 규칙이 있다. 바로 다음의 두 가지이다.

1. 상대방과의 공통점을 어필한다.
2. 상대방을 칭찬한다.

사람은 공통점을 가진 사람과 자신을 칭찬해 주는 사람에게 좋은 인상을 가지기 때문이다.

 이렇게 설득에 응용해 보자!

상대방과의 공통점을 어필하는 효과에 대해서는 이미 경험해 본 사람이 적지 않으리라 생각된다. 나이나 취미가 같거나, 출신지나 출신학교가 같거나……. 공통점이 많으면 많을수록 그 이유만으로도 상대방에게 긍정적인 인상을 남길 수 있다.

예를 들어 미에 현 이세 시 출신인 나는 영업 담당자와 다음과 같은 대화를 나눈 적이 있다.

"그런데, 쇼지 씨는 어느 현 출신이세요?"

"미에 현 출신입니다. 더 자세하게 말하면 이세 시고요."

"정말요? 저도 미에 현 이세 시 출신이에요. 이런 우연이 다 있네요."

"진짜 신기하네요. 그러면 고등학교는 어딜 나왔어요?"

"이세고등학교요."

"정말요? 저도 거기 나왔어요. 저는 19회인데, 몇 회 졸업생이세요?"

"30회요."

이렇듯 공통점을 바탕으로 대화가 활기를 띠게 되면, 개인적으로는 그 자체만으로도 상대방에게 호감을 가지게 된다.

아마 다른 사람들도 같은 마음일 것이다.

이처럼 상대방과의 공통점을 찾아서 어필하는 것은 우호적인 관계를 형성하는 데 상상 이상으로 큰 효과를 발휘한다.

다음으로 상대방에게 좋은 인상을 남기는 두 번째 방법은 상대방의 장점을 찾아 높게 평가하는 것이다. 즉, 상대방을 칭찬하는 것이다.

미국 노스캐롤라이나대학교의 연구팀은 《실험 사회 심리학 저널(Journal of Experimental Social Psychology)》에서 '인간은 설사 진실이 아니더라도 자신에게 아낌없이 칭찬을 해준 상대방에게 굉장히 큰 호감을 가진다'라고 밝혔다. 당연하다. 인간은 누구나 칭찬을 받으면 기분이 좋아져 상대방에 대해 호감을 가지게 된다.

이름은 기억나지 않지만 수십 년 전 대기업의 한 경영자가 "설사 아부라는 걸 알아도 그건 귀여워 보인다. 그렇게까지 해서라도 열심히 하려는 마음을 보이기 때문이다."라고 말했던 기억도 난다.

설령 사실이 아니라고 해도 자신을 칭찬해 주는 상대방에게는 호감을 가지게 된다.

사실 이 책을 읽고 있는 독자라면 틀림없이 지적 수준이 상위 10% 안에는 들어갈 것이다. 1년에 책을 한 권도 읽지 않는 사람이 급증하는 상황에서 스마트폰이나 TV를 보는 시간을 줄여서 책을 보고 있기 때문이다.

지적 수준이 높은 사람은 예외 없이 서적의 정보를 중요하게 생각한다. 이 책을 읽고 있는 여러분 역시 극히 소수에 불과한, 지적 수준이 높은 층에 속할 것이다.

나는 이런 사람들을 마음속 깊은 곳에서부터 존경한다.

이것은 틀림없는 사실이다.

대다수의 사람들이 TV를 보거나 스마트폰 게임을 하는 시간
에 이 책을 읽고 있는 여러분은 분명 보통 사람들보다 뛰어날
것이다.

이렇게 이미 알고 있는 사실이라도 누군가가 다시 짚어주고
칭찬해 준다면, 당사자의 기분이 좋아졌으면 좋아졌지 나빠질
이유는 전혀 없다.

◆ 인간은 자신을 아낌없이 칭찬해 주는 상대방에게 강한 호감을
   가진다.
◆ 출신지, 출신학교, 나이 등은 인간에게 굉장히 중요한 정체성
   이기 때문에 공통점이 있다면 적극적으로 어필한다.

5

사람의 기분은
사소한 배려로 180도 바뀐다

포인트

사소한 배려를 잊지 않는다.
손으로 쓴 메모지를 붙여두는 것만으로도 굉장한 효과가 있다.

미국 애리조나주립대학교의 교수이자 심리학자인 로버트 찰디니는 자신의 독자들에게 어떻게 하면 타인에게 영향을 끼칠 수 있을지에 대해 물어본 적이 있다. 그때 한 독자가 자신이 상사를 잘 따르는 이유에 대해 편지로 찰디니에게 알려주었다고 한다.

"상사는 매년 잊지 않고 생일 선물을 줍니다. 크리스마스에는 아들의 선물까지 준비합니다. 현재 일하는 부서에서 저의 승진 가능성은 없지만 (중략) 그렇지만 이동을 하고 싶은 마음은 없습니다. 상사가 곧 정년이기 때문에 그 이후에 부서 이동 신청서를 낼 생각입니다. 상사가 너무 잘해 주기 때문에 그 상사가 지금 부서에 있는 한 떠날 생각은 없습니다."

여기서 상사는 평소에 상대방을 배려하는 모습을 보임으로써 상대방에게 바람직한 행동을 이끌어내고 있다. 사람의 기분은 상대방의 사소한 배려로 크게 변한다. 따라서 설득하고 싶은 상대방에 대한 '배려'는 필수적이다.

일본인이 세심하게 사람을 잘 배려한다고 생각하는 사람도 적지 않을 것이다. 예를 들면 섬세한 음식, 높은 비데 보급률, 판매점 직원의 태도 등에서 세심한 배려를 엿볼 수 있다.

일본의 경제학자 노구치 유키오의 책을 보면, 미국의 애플스토어에서 가족의 크리스마스 선물로 아이팟 미니를 몇 개 구입하려고 했더니 점원이 불쾌한 얼굴로 '아이팟 미니는 구입 순서를 기다리는 사람이 있을 정도로 인기가 많은데 서너 개를 구입하려 한다는 것은 이해할 수 없다'며 무례한 태도를 보였다는 이야기가 나온다(기억력이 좋지 않아 자세한 부분은 다른 점이 있을지도 모른다. 너그러운 마음으로 이해해 주길 바란다).

제대로 설명도 해주지 않고 갑자기 고객을 비상식적인 사람으로 취급한 이 점원의 태도에 노구치는 어처구니가 없어서 애플에 대한 애정까지 사라졌다고 한다. 일본에서는 상상도 할 수 없는 일이다.

그럼 어떻게 하면 '배려'를 구체적으로 보여줄 수 있을까? 이에 대해서는 사회학자인 랜디 가너가 실시한 실험(Journal of Consumer Psychology, 2005)이 시사하는 바가 크다.

1. 손으로 직접 쓴 포스트잇(설문지 작성을 부탁한다는 메시지)을 붙인 표지와 설문지
2. 위와 같은 메시지를 쓴 표지와 설문지
3. 표지와 설문지

가너는 위와 같이 세 가지 방식으로 설문지 작성을 부탁한 다음 설문지의 회수율을 조사했다.

그 결과, 직접 쓴 포스트잇을 표지에 붙인 첫 번째 그룹은 75% 이상의 사람이 기입하여 돌려보냈다.

직접 쓴 메시지만 남긴 두 번째 그룹의 경우는 48%, 아무것도 하지 않은 세 번째 그룹의 경우는 36%라는 결과가 나왔다.

직접 쓴 포스트잇을 붙인 첫 번째 그룹의 설문지는 다른 그룹에 비해 더 자세하고 신중하게 작성되었다고 한다.

아무것도 하지 않은 세 번째 그룹을 제외하고 첫 번째와 두 번째 그룹을 비교하면, 똑같이 직접 쓴 메시지를 남겼는데도 포스트잇을 사용한 쪽이 월등히 높은 회수율을 기록했다. 또한 포스트잇에 보내는 사람의 이니셜을 기입하거나 감사의 말 등을 추가했을 때 회수율이 더 높아졌다고 한다.

가녀는 이 결과에 받은 쪽이 일부러 쉽게 제거할 수 있는 포스트잇을 준비하여 자신에게 메시지를 써준 상대방의 수고와 배려를 느끼고 이에 대해 보답해야겠다는 마음을 가지게 되었다는 해설을 덧붙였다.

이렇게 설득에 응용해 보자!

위의 실험을 통해 말을 통한 설득보다 사전에 보내는 사람이 수고를 들여 감사의 메시지를 쓴 포스트잇이 훨씬 효과적이라는 사실을 알았다. 이 결과는 회사 업무 이외에도 다양한 상황에서 활용할 수 있다.

중요한 거래처가 자신에게 시간을 할애해 주었다면, 이메일로 감사의 말을 전하는 것은 당연한 일이다.

예전에 편집자와 회의를 하기 위해 한 출판사를 방문했을 때, 고령으로 보이는 사장이 일부러 나와서 인사를 해준 적이 있다. 그 당시 나는 집에 돌아와서 항상 그래왔던 것처럼 사장에게 간단한 감사의 인사를 메일로 보냈다.

시간이 흐른 후 담당 편집자에게 "사장님이 굉장히 기뻐하셨어요. 만난 당일에 그런 메일을 보내준 사람은 쇼지 씨밖에 없다고 하시면서……."라는 말을 들었다.

글 쓰는 일을 시작했을 때는 책 안에 끼워져 있는 독자 엽서가 편집부에 도착하면, 그 수가 많지 않았기 때문에 보내준 독자 한 명 한 명에게 직접 쓴 감사의 편지를 보냈다.

안타깝게도 그 감사의 편지가 효과가 있었는지는 잘 모르겠다. 하지만 나와 같은 무명의 작가가 쓴 책을 읽고 감상을 친절하게 직접 써서 보내준 독자들에게 무언가 보답을 하고 싶은 마음이 강하게 들었다. 독자의 '배려'가 내 마음을 움직였기 때문에 감사의 엽서를 쓰고 싶어졌던 것이다.

남자친구나 여자친구가 평소의 연락 수단인 문자나 SNS가 아니라 직접 손으로 쓴 편지를 보내준다면 굉장히 기쁠 것이다. 아마 보물처럼 소중히 간직하는 사람도 있을 것이다. 비즈니스나 사생활에서도 상대방이 귀중한 시간을 내주었거나 수고를 아끼지 않았을 경우, 조금 신경 쓴 엽서로라도 감사의 마음을 전달한다면 엄청난 효과가 있을 것이라 생각한다.

◆ 인간은 자신을 위해 수고를 아끼지 않는 상대방과 좋은 관계를 유지하고 싶어 한다.

6

사람은
'신세 갚는 것'을 좋아한다

포인트

평소에 '호의'를 많이 베풀자.
보답이 없어도 신경 쓰지 않는다.

섹션 5에서 포스트잇에 메시지를 기입한 경우에 설문지의 회수율이 월등히 높았고 회답도 훨씬 친절하고 신중했다는 실험 결과를 소개했다. 이와 함께 이런 결과의 이유가 일부러 포스트잇을 준비해서 메시지를 써준 상대방의 배려와 수고에 보답해야겠다는 마음이 들었기 때문이라는 가너의 해설에 대해서도 설명했다.

이처럼 사람들은 상대방의 따뜻한 배려나 마음 씀씀이를 느끼면 그 호의에 보답하고 싶어 한다.

이를 '호의의 보답성'이라고 한다.

실제로 누군가에게 부탁을 하거나 도움을 요청했을 때 꽤 높은 확률로 결과에 큰 차이가 나는 것은 평소에 얼마나 호의를 베풀었는지에 달렸다.

인간은 원래 '신세 갚는 것'을 좋아한다.

한 인간관계의 달인이 '보답이나 보상에 신경 쓰지 말고 계속 베풀어라'라는 말을 한 적이 있다. 이 말은 정말 맞는 금언이다. 보답이나 보상을 기대하지 않고 일단 많이 베푸는 것이 중요하다.

바빠 보이는 사람에게 도와줄 일이 없는지 물어본다.

무거워 보이는 서류를 가지고 가는 사람을 자연스럽게 도와준다.

계속 밖을 돌아다녀야 하는 영업사원에게 신규 거래처의 지도를 복사해서 준다.

설사 보답이나 보상을 기대하는 마음이 없다 하더라도, 상대방은 신세를 갚아야 한다는 호의의 보답성에 따라 도움을 준 사람에게 고마움을 느끼게 마련이다. 언젠가 상대방이 신세를 갚을 날이 올지도 모른다.

'올지도 모른다'는 표현을 쓴 것은 이 호의의 보답성의 효과가 시간이 흐르면서 옅어지기 때문이다.

무언가를 해준 쪽이 잊어버리기 한참 전에 받은 쪽이 먼저 잊어버리는 것이다.

이것도 역시 진실이다.

미국의 심리학자 중에는 상대방이 자신의 호의를 잊어버린 경우에 자연스럽게 그 기억을 떠올리도록 만들면 좋다고 주장하는 사람도 있지만, 개인적으로는 이 의견에 찬성하지 않는다.

자칫 잘못하면 '자연스럽게' 하려던 것이 오히려 '생색을 내는' 사람이라는 인상을 줘서 반감을 사게 될 위험이 있기 때문이다.

상대방이 기뻐해 준다면 자신의 마음도 따뜻해진다. 이것만으로 충분하다. 보상이나 보답이 있다면 뜻밖의 횡재 정도로 생각하자.

보상이나 보답을 기대하지 않고 아낌없이 호의를 베풀자.

 이렇게 설득에 응용해 보자!

10명 정도의 부하를 가진 중간관리자라면, 부하의 생일에 자연스럽게 평소의 고마운 마음을 담은 메시지와 선물을 책상 위에 놓아두는 것도 좋은 방법이다.

이때는 자연스럽게 선물을 전달하고, 지나치게 고가의 선물은 하지 않는다. 선물로는 스마트폰 액세서리나 캐릭터가 달린 키홀더 같은 것도 괜찮다. 사실 직접 쓴 메시지만으로도 충분한 효과가 있다.

내가 고문 변호사로 일하던 한 회사의 사장은 자신을 모델로 한 캐릭터 키홀더와 스티커를 제작했다. 아주 귀여운 캐릭터로 쳐다만 봐도 웃음이 났다. 이 키홀더와 스티커를 사원들에게 감사의 마음을 표현할 때 나눠주곤 했다.

이렇게 평소에 사용할 수 있는 아이템이라면 그것을 볼 때마다 '그러고 보니 이거 내 생일에 사장님한테 받은 거네'라는 생각이 떠오르는 효과도 있기 때문에, '자신의 호의를 잊지 않게 만드는' 묘책이 되기도 한다.

효과를 정확히 알 수는 없지만, 그 회사는 사원들의 충성심과 의욕이 굉장히 높아서 항상 좋은 실적을 유지했다.

여담이지만, 생일이라는 것은 본인에게는 굉장히 중요한 날인데도 타인의 입장에서 보면 평소와 다르지 않은 날이다. 이 차이는 굉장히 크다고 생각한다.

그렇기 때문에 특별한 선물은 하지 않을지언정 축하 메시지라도 보내준다면 생일을 맞은 본인에게는 아주 감동적일 것이다.

관리직이라면 당연히 부하의 생일 정도는 알고 있을 것이다. 신경 쓰지 않아도 될 정도의 선물을 건네는 것은 상상 이상으로 효과적이니 한번 시도해 보자.

　최악의 상황은 상사가 부하에게 '마이너스 선물'을 하는 것이다.

　점심시간이나 근무시간 이외의 시간에는 노동에서 완전히 해방되어야 한다. 이것은 법률에도 규정되어 있는 사실이다. 그렇기 때문에 같이 점심식사를 하자거나 술을 마시자고 억지로 강요하여 부하의 귀중한 시간을 뺏는 '마이너스 선물'을 하는 행동은 삼가야 할 것이다.

　내가 회사를 다닐 때를 생각해 보면 놀랍게도 마이너스 선물을 하는 상사가 의외로 많았다.

　사회의 첫 근무지인 은행에 다니다가 다른 회사로 이직을 하여 첫 출근을 한 날, 상무가 점심식사를 같이 하자고 했다. 그런데 식사를 끝내고 계산을 할 때 나는 꽤 큰 충격을 받았다. '더치페이'를 하게 된 것이다.

　겨우 1천 엔 정도의 점심값 때문에 불평을 하는 것이 아니다. 출근 첫날에 나보다 월등히 직급이 높은 상무라는 상사에게 불려나가 한숨 돌릴 시간도 빼앗기고 긴장한 채 식사를 했음에도 불구하고 점심값을 내야 한다는 사실이 왠지 모르게 납득이 되질 않았다.

　적어도 나는 후배나 나이 어린 사원들과 식사를 하게 되면 점심값은 항상 내가 내고 있다. 나보다 나이가 어린 상대가 소중한 점심시간을 희생해 준 대가라고 생각한다면 점심 정도로는 부족할 것이다.

최근에는 상사가 점심식사를 같이 하자고 해놓고 밥값을 더치페이 한다는 것은 상사의 '갑질'로 보는 사람도 있다고 한다. '갑질'이라는 표현이 너무 지나칠지는 몰라도 어쨌든 부하의 시간을 빼앗지 않는 배려가 상사에게는 꼭 필요할 것 같다.

◆ '호의의 보답성'에 따르면, 받은 친절에 대해서는 보답을 해야겠다는 심리가 작용한다.
단, 시간이 지나면 그 효과는 점점 줄어든다.

7

사람은 신뢰하는 사람의
말밖에 듣지 않는다

포인트

사람을 움직이기 위해서는 '전문지식'과 '대인관계능력'이 필요
하다.
스스로에게 자신이 없다면 상대방이 신뢰하는 제3자를 내 편으
로 만든다.

　사내 회의나 대외적 비즈니스에서 상대방을 설득하려면 평소
에 상대방이 나를 신뢰하고 있다는 것이 전제되어야 한다. 이때
필요한 것이 바로 전문지식과 대인관계능력이다. 이 두 가지 중
하나라도 결여되어 있다면, 설령 신뢰감을 쌓아놓았다고 해도
상대방을 납득시키기가 어렵다.

먼저 '전문지식'에 대해서 설명하겠다.

만약 의사에게 진료를 받고, 처방받은 약을 하루 3번씩 식후에 먹으라는 지시를 받았다고 헤보자. 아마도 우리는 아무런 의심 없이 의사의 지시대로 약을 복용할 것이다. 이것은 약을 처방한 사람이 전문지식을 가진 의사이기 때문이다.

이처럼 전문지식은 사람을 설득할 때 아주 강력한 무기가 된다.

내가 설득할 사안에 대해 나 자신이 전문가라면 가장 좋겠지만, 조직 내 또는 사적인 인간관계에서 항상 모든 분야의 전문가가 된다는 것은 불가능하다.

그렇다면 어떻게 해야 할까?

답은 간단하다. 설득해야 할 안건에 대한 전문지식을 빌리면 된다.

만약 특정 기획을 통과시키기 위해 설득을 하려는 경우라면 그 분야에서 권위 있는 전문가의 서적이나 논문 등을 미리 준비하거나, 신뢰할 수 있는 데이터를 수집해 두거나, 전문가의 의견서를 받아두는 방법이 있을 것이다.

민사재판으로 말하자면 의뢰인에게 유리한 판례나 문헌을 증거로 제출하는 것이나 마찬가지다.

설득을 당하는 입장에서 보면, 이와 같이 자료를 제시하며 설득하는 것과 자료 없이 설득하는 것은 하늘과 땅 차이일 것이다.

　이처럼 상대방의 신뢰를 얻는 첫걸음은 상대방도 인정할 수밖에 없는 전문지식을 미리 준비하는 것이다.

　그 무게감이 확실히 달라지는 것은 말할 필요도 없다.

　그런데 이렇게 전문지식을 준비했음에도 불구하고 신뢰를 얻지 못하는 경우가 있다. 때로는 같은 전문지식을 준비해도 신뢰를 얻는 사람이 있고 그렇지 못한 사람이 있다. 그 이유는 무엇일까?

　여기서 상대방의 신뢰를 얻기 위한 두 번째 요건이 등장한다.

　바로 '대인관계능력'이다.

　자신이 이미 조직 안에서 '공정하고 신뢰할 수 있는 인물'이라는 평가를 받고 있다면, 이 점에 대해서는 더 이상 설명할 필요가 없다.

　'저 사람은 일부러 전문적인 자료까지 조사해서 데이터를 준비했으니까 틀림없을 거야'라고 누구나가 생각하는 경우를 조직 내에서도 자주 볼 수 있을 것이다.

　그런데 아무리 면밀하게 데이터를 제시해도 사람 자체가 신용을 얻지 못해서 제안이 통과되지 않는 경우가 있다. 바로 대인관계능력이 부족한 경우이다.

　기존의 조직 안에서 갑작스럽게 대인관계능력을 높이는 것은 불가능하기 때문에, 평소에 최소한의 신용은 확보해 둬야 한다.

그런데 만약 안타깝게도 조직 내에서 대인관계능력이 좋지 않다면 어떻게 해야 할까?

가장 빠른 해결 방법은 대인관계능력이 뛰어난 사람을 내 편으로 만드는 것이다.

이때는 가장 먼저 주위로부터 '앞과 뒤가 다르지 않고 공정한 인물'로 평가받는 인물을 설득해야 한다.

준비해 둔 전문지식을 구사하여 해당 안건이 조직에 막대한 이익을 가져올 것이고 공동 제안자가 되는 상대방에게도 크게 도움이 된다는 사실을 정성 들여 설명한다. 그리고 상대방이 충분히 이해했다면 내 편이 되어주기를 부탁한다.

고육지책이기는 하지만 기존 조직 안에서 설득의 요건이 되는 대인관계능력을 빠르게 얻기 위해서는 이 방법이 최선이라고 생각한다.

 이렇게 설득에 응용해 보자!

이제까지 기존의 조직 내에서 설득을 하는 가장 첫 번째 단계로서 상대방의 신뢰를 얻는 데 꼭 필요한 전문지식과 대인관계능력에 대해 설명했다.

그렇다면 이 전문지식과 대인관계능력을 판매나 신규 영업 등의 상황에서 활용하려면 어떻게 해야 할까?

그러니까 처음 만난 사람을 상대로 설득을 하는 경우이다.

이때 가장 중요한 것은 절대 초조해하지 않는 것이다. 그리고 앞의 두 가지 요건, 즉 전문지식과 대인관계능력을 잊지 않는다.

가전제품 판매점에 컴퓨터를 사러 간 경우를 생각해 보자.

이때 몇몇 회사의 컴퓨터의 장점과 단점을 친절하게 설명해 주는 직원과 계속 한 회사의 제품만 추천하는 직원이 있다면, 어느 쪽에게 제품을 구입하고 싶은가? 아마도 많은 사람들이 전 자를 선택할 것이다.

전자의 판매 방식을 분석해 보면 다음과 같다.

많은 회사 제품의 장점과 단점을 설명할 수 있다는 것은 '전문 지식'이 풍부하다는 것이다.

그리고 다양한 회사의 제품을 친절하게 설명하여 소비자의 수요에 대응하려는 자세는 '대인관계능력'이라는 점에서 봐도 호감을 가지게 만든다.

어떤가?

기존 조직 내에서 설득을 하거나, 반대로 단시간에 영업을 해 야 하는 경우 모두 상대방의 신뢰를 얻는 것이 중요하다는 사실 을 알 수가 있다.

여담이지만 내가 변호사로 법률상담을 할 때는 상담 분야의 판례와 같은 객관적인 정보에 대해 설명하고, (상황에 따라서는 문헌이나 판례의 복사본을 내밀면서) 가능한 한 내담자의 말에 귀를 기울이면서 내담자의 괴로움과 분노에 깊게 공감하여 좋은 인상을 주도록 노력하고 있다.

물론 잘되지 않는 경우도 있지만, 이런 방법을 잘 사용한다면 내담자의 신뢰를 얻기가 쉬워진다는 것은 분명한 사실이다.

◆ 호의적이지 않은 상대의 말이라면 거절하는 것이 인간의 심리이다.

8

사람은 이성이 아니라
감정으로 움직인다

이해득실을 꼬치꼬치 따지지 않고 곧장 직진하는 사람을 보면
왠지 감동적이다.
이성이 아닌 감정을 움직여보자.

사람을 설득하기 위해서는 전문지식과 대인관계능력이 필요
하다는 이야기를 했다.

실제로 사람은 이성적으로는 납득을 해도 자신의 감정에 반
하는 행동은 절대로 하지 않는다.

이것은 오랜 기간 변호사로 일하면서 얻은 확신이다.

《카네기 인간관계론》으로 유명한 데일 카네기도 "인간은 감정의 동물이다"라고 말했다.

설득에서도 상대방이 감정적으로 이어져 있다고 느끼지 못한다면, 아무리 상대방에게 유리한 제안을 하더라도 절대 긍정적인 답을 얻을 수 없다.

그래서 여기서는 '상대방과 감정적으로 이어지는 것'에 대해 설명하려고 한다.

최근 주목을 받고 있는 '행동경제학' 분야에서는 '인간은 합리적으로 행동한다'라는 기존 경제학의 전제에 이의를 제기한다. 그리고 심리학의 성과를 바탕으로 인간이 반드시 합리적으로 행동하는 것은 아니라고 주장하고, 합리적이라고 할 수 없는 인간 행동의 예를 다수 소개한다.

표현을 조금 바꿔보면 '인간은 감정으로 움직인다'라고 해도 과언이 아니다.

이것은 논쟁이나 다툼에 직면하면 쉽게 이해할 수 있다.

구체적인 예를 들자면, (최근에는 간단한 제도가 마련되어 자주 볼 수 없지만) 토지 경계확정 소송이라는 것이 있다.

옆 토지와의 경계가 애매해서 자신이 주장하는 경계선과 옆 토지 소유자가 주장하는 경계선이 달라 합의에 이르지 못하고, 쌍방 모두 감정에 치우쳐 법률사무소의 문을 두드리는 경우가 있다. 이런 토지 경계확정 소송에서는 일단 화해를 통한 해결은 기대하기 어렵다.

옆 토지 소유자와 매일 얼굴을 마주치면서 서로에 대한 증오가 깊어진 탓인지 상대방을 '부모를 죽인 원수'처럼 미워한다. 그래서 겨우 폭 30센티 정도의 차이를 두고 계쟁 토지의 평가액의 몇 배에 달하는 돈을 쏟아 부으면서 몇 년 동안이나 소송을 진행하는 것이다. '10년 전쟁' 정도는 흔하게 볼 수 있다.

제3자의 입장에서 보면 계쟁 토지를 절반으로 나누거나, 합당한 금액으로 상대방에게 매각하는 편이 훨씬 합리적이다.

소송을 하면 변호사 비용뿐만 아니라 감정 비용이나, 자신이 주장하는 선을 표시한 도면을 작성하는 비용 등이 든다. 또한 해결까지 오랜 세월이 걸릴 수도 있다. 절반으로 나누거나 매매하는 방식으로 정리하는 편이 훨씬 저렴하게 끝날 뿐만 아니라 시간 역시 낭비하지 않을 수 있다.

하지만 내가 담당한 사건에 한해서 이들은 절대 화해를 통한 해결을 하지 않았다.

이처럼 감정이 인간의 행동에 미치는 영향은 상상 이상으로 크다. 그리고 때로는 합리적인 계산을 도외시하기도 한다.

즉, 상대방이 감정적으로 납득하지 않으면, 아무리 장점이 있다는 사실을 신뢰할 만한 근거를 제시하며 말해도 최종적으로는 동의를 얻을 수 없다.

반대로 친한 친구처럼 평소에 '감정적인 유대'가 있는 관계라면 이런 요건은 불필요하다. 그렇다면 이와 같은 감정적인 유대 관계가 없는 사람을 설득하려면 어떻게 해야 할까?

 이렇게 설득에 응용해 보자!

> 1. 먼저, 설득을 하려는 자신이 해당 기획이나 아이디어에 얼마나 푹 빠져 있는지를 보여줘야 한다.

진심인지 아닌지 의심되는 사람이 무언가를 해보자며 아무리 열심히 설득해도 대부분 진지하게 받아들이지 않을 것이다.

그렇기 때문에 일단은 나 자신이 마음속 깊은 곳에서부터 실현되길 간절히 바라고 있다는 사실이 상대방에게 전해져야 한다. 교수에 대한 학생들의 평가 실험에서 언급했듯이, 표정이나 제스처를 이용하면 자신의 열정을 보여줄 수 있다.

물론 의욕이나 열정만 강조하는 것이 아니라, 실현되지 않았을 경우를 가정하여 실망한 목소리로 슬프게 표현하는 등 다양한 방법을 통해 상대방의 감정을 자극할 필요가 있다.

"회사의 명운을 좌우할 이 프로젝트의 성공을 위해 저는 목숨을 걸 각오로 임할 것입니다. 성공하지 못한다면 (목소리를 깔고) 모든 책임을 지겠습니다."와 같은 문장을 강약을 잘 조절하며 말하는 것이다. 이러한 방법으로 상대방의 감정을 자극하면서 진심을 보여주면 된다.

> **2. 다음으로, 설득하려는 상대방의 감정적인 욕구를 파악해야 한다.**

상대방이 감정적으로 확실하게 납득할 수 있도록 설득해야 한다는 뜻이다. 이때는 상대방의 감정적인 욕구를 정확하게 파악하여 그것을 충족시켜 주면 된다.

상대방의 감정적인 욕구를 확실하게 파악하여 그것을 충족시키는 구체적인 예를 들어보자. 부하 영업사원이 나름대로 좋은 성과를 내고 상사에게 보고하는 상황을 상상해 보자.

부하의 감정적인 욕구는 당연히 상사의 칭찬을 듣는 것이다.

그렇기 때문에 이때 상사는 "회사를 위해 최선을 다해 줘서 정말 고맙다. 이 기세로 남은 일도 잘해 주길 바란다."라고 말해야 한다. "이 정도 하는 건 당연한 일이다. 앞으로 남은 일이 문제이다."라고 말해서는 절대 안 된다.

이 두 가지 패턴 모두 앞으로 남은 일을 당부하는 말이지만, 설득의 효과는 완전히 달라진다.

상사에게 성과를 보고하기 위해 찾아온 부하는 설사 부분적인 성과라고 해도 그 결과에 대해 칭찬받기를 기대하고 있을 것이다. 그런 마음으로 찾아온 부하의 '칭찬받고 싶다'는 감정적인 욕구를 파악하지 못하는 것은 논외의 문제이다.

그런데 만약 상대방의 감정적인 욕구를 파악했다 해도 말이나 태도로 표현하지 않는다면, 부하에게는 전해지지 않는다. 그렇기 때문에 감정적인 욕구를 파악하여 그 욕구를 충분히 충족시켜 줄 정도로 표현하는 것이 중요하다.

그런데 설득할 상대가 다수인 경우는 상대방의 감정적인 욕구를 충족시키기가 더 어려워진다. 다수가 원하는 감정적인 욕구를 파악하여 그것을 말로 표현해야 하기 때문이다.

일본의 경제학자 오마에 겐이치는 강연을 할 때 청중의 모습을 천천히 관찰하면서 청중들이 무엇을 원하는지를 파악한다고 한다. 상황에 따라서는 강연 내용을 변경하기도 한다.

대부분의 경우, 강연을 할 때는 참가자의 속성(기업경영자, 젊은 회사원, 학생, 수험생, 수험생의 보호자 등)을 사전에 알 수 있기 때문에 참가자들이 원하는 것을 어느 정도는 파악할 수 있다. 하지만 실제로 눈앞에서 보고 알 수 있는 것도 있기 때문이다.

이처럼 인간의 행동은 감정에 의해 좌우된다.

이 사실을 있는 그대로 받아들이고 자신의 열정을 보여주면서, 상대방의 감정적인 욕구에 맞춰서 설득을 해보자. 이렇게 하면 마지막에 상황이 뒤집어질 위험은 일단 없다고 할 수 있다.

- ◆ 인간은 감정적인 동물이다.
  감정의 영향으로 때로는 합리적인 계산을 무시하기도 한다.

▌소소한 잡담의 기술 ①

　인재파견업체 VSN이 20대~40대 회사원 600명을 대상으로 조사한 결과에 따르면 자신에게 부족한 기술로 가장 많았던 대답은 '잡담력'이 29.2%, 표현력이 27.2%로 1, 2위를 차지했다고 한다.

　거래를 위한 회의나 대화에서는 잡담이 60%를 차지한다고 해도 과언이 아닐 것이다. 이때 이야기가 잘 이어지지 않으면 내심 불안해지는 회사원이 많을 것이라 생각된다.

　이런 상황을 고려해 보건대, 설득의 방법론에 '잡담의 방법론'을 넣지 않으면 설득 그 자체가 시작되지 않을 수도 있다는 생각이 든다. 그래서 여기서는 잡담의 방법론에 대해 생각해 보도록 하겠다.

　영업 경험이 많은 사람에게는 이 칼럼이 아주 당연하게 느껴질지도 모른다. 이 정도의 잡담이 불가능하다면 영업이 불가능할 테니까 말이다.

　그렇지만 예전과는 다르게 잡담이 더 어려워진 것도 사실이다.

일본에서는 10년 전까지만 해도 남성 회사원끼리 할 수 있는 유용한 잡담 소재가 있었다. 바로 야구이다. 야구에 대해 이야기하면 대부분의 경우 이야기가 잘 풀리기 때문에, 거래처 사람과 만나기 전에 담당자가 응원하는 야구팀에 관해 조사하곤 했다.

그런데 최근에는 이런 남성 회사원 사이의 공통 화제가 적어졌다. 다른 방송을 취소하면서까지 중계를 하던 프로야구의 인기가 떨어졌기 때문이다. 가치관이나 취향이 다양해진 이유도 있을 것이다.

하지만 다행히 나는 영업 일을 오래 해온지라 잡담 때문에 힘들어 본 적은 없다.

그런 내가 생각하는 잡담의 가장 중요한 기술은 '질문'이다.

인간은 사실 모두가 말을 하고 싶어 한다.

그렇기 때문에 잡담에서도 상대방의 말하는 비율을 높여주면 확실히 분위기를 고조시킬 수 있다. 상대방이 잘 아는 분야라면 더할 나위 없이 좋다.

나는 예전에 아침 일찍 피트니스센터에 다녔다. 가는 길에 항상 세븐일레븐에 들르곤 했는데, 이때 카운터 직원에게 "오늘 날씨는 어때요?"라며 말을 걸었다. 그러면 그 직원은 계산을 하면서 자신 있는 표정으로 "낮에는 온도가 엄청 올라가고 저녁에는 비가 오기 시작한대요"라고 대답했다.

이 이야기를 친구에게 했더니, 편의점은 그날그날의 날씨에 따라 발주하는 물건이 달라지기 때문에 날씨를 꿰차고 있는 것이라고 알려줬다.

그러니까 나는 나도 모르는 사이에 상대방이 잘 아는 분야에 대해 질문을 했던 것이다.

하루는 길을 가다가 모르는 남자가 "안녕하세요" 하고 웃는 얼굴로 말을 걸어서 놀란 적이 있다. 그 남자는 생글생글 웃으며 "항상 들르시는 세븐일레븐에서 일하는 점원이에요. 유니폼을 안 입으니까 잘 모르시겠죠?"라고 말했다.

우리는 반갑게 인사를 하고 가벼운 잡담을 나눴다. 나는 그 직원과 헤어진 다음 생각했다.

분명히 그 직원은 나를 자신이 잘 아는 분야인 날씨에 대해 매일 질문을 하던 중년 남성이라고 기억하고 있었을 것이다. 묵묵히 계산대 업무만 보는 경우가 많은 그 직원이 아주 잠깐이라도 '자신 있는 이야기'를 할 수 있는 상대(나)에게 호감을 가지는 것은 전혀 이상한 일이 아니다.

질문은 다음의 대화처럼 화제를 넓힐 수 있도록 도와준다.
"평소에 어떤 운동을 하세요?"
"어떻게 아셨어요?"
"몸에 근육이 있으시니까……."

"사실 최근에 골프에 빠져 있어요."

이리하여 자연스럽게 골프라는 화제로 넘어갈 수 있다. 골프에 대해 잘 몰라도 상관없다. "저는 해본 적이 없는데, 골프의 묘미는 뭔가요?"와 같은 질문을 하면 되기 때문이다.

"어디 사세요?" "고향이 어디세요?" "셔츠가 진짜 좋네요. 어디서 사셨어요?" 등등 질문의 소재는 얼마든지 찾을 수 있다.

설득에 있어 가장 중요한 것은 상대방의 말을 경청하면서 이야기의 흐름을 끊지 않고 반대 의견을 말하지 않는 것이다. 이것은 사회인으로서의 초보적인 매너이기도 하다.

아무리 노력해도 이야기를 시작하기가 어려운 사람에게는 '131'(우리나라도 같음)을 추천한다. 전화로 최신 일기예보를 들을 수 있는 번호이다.

스마트폰 앱보다 내용이 상세하기 때문에, 날씨를 대화 소재로 사용하려면 이쪽이 더 추천할 만하다.

"오늘 날씨가 덥네요." "네, 덥네요."로 대화가 이어지지 않고 끝나 버리는 사람이라도 최신 일기예보를 들어두면 다음과 같이 대화를 계속 이어갈 수가 있다.

"일기예보를 들었더니, 날씨가 급격하게 변해서 저녁쯤에는 강풍이 불고 갑자기 비가 올 수도 있다고 하네요."

"진짜요? 강풍에 비까지! 아, 우산도 안 가져왔는데……."

"사실 저도 안 가져왔어요. 일기예보를 들었는데도 잊어버리다니, 진짜 어이가 없어요. 건망증이 심한가 봐요, 정말."

"아니에요. 저도 자주 그래요. 집에서 나갈 때 해가 있으면 예보를 들었어도 맨날 우산을 잊어버려요."

"집에 가는 게 문젠데, 역에서 집까지 가깝나요?"

"10분 정도 걸려요. 딱히 비를 피하면서 갈 수 있는 길도 없고요."

"저도 10분 넘게 걸려요. 비를 피하기도 힘들고요."

"그럼 같이 일기예보가 틀리길 기원해 봐요."

| 결론! |

> 잡담을 할 때는 질문과 전화 131을 기억하자!

그 다음은 연습하는 방법밖에 없다. 편의점에 가서 크게 붐비지만 않는다면 직원을 상대로 연습을 해봐도 좋다.

상식이나 이성으로는
설명할 수 없는
행동의 원인을 파악한다.

인간이 감정적인 동물이라는 사실은 앞에서 설명했다. 그런데 본인은 합리적·상식적으로 판단하여 행동한다고 생각해도 타인이 보면 '비상식적'인 경우가 자주 있다. 당연한 일이다.

왜냐하면 인간은 각각 다른 환경에서 서로 다른 경험을 하면서 각자의 상식과 사고방식을 가지게 되었기 때문이다.

상대방의 사고나 행동을 비상식적이라고 느끼는 것은 대부분 자신의 인생관과 성장 환경에 의해 형성된 스키마와 편향이 표면화되어 타인의 그것과 충돌하기 때문이다.

그리고 상대방의 사고나 행동을 불합리하다고 느끼는 것은 (실제로도 불합리한 경우) 상대방이 잘못된 사고의 지름길(휴리스틱)을 통과한 것이 원인인 경우가 많다.

그래서 제2장에서는 자신의 상식과 이성으로는 이해할 수 없는 행동의 원인이 되는 스키마, 편향, 휴리스틱에 대해 설명하고 그 대처법을 제시할 것이다.

설득하지 않는 설득의 기술

1

사람은 모든 것을 자신만의 방법으로
분류하고 이해한다
- 스키마

포인트

상대방이 태어나서 지금까지 형성한 스키마(그 사람의 상식)를 바꾸는 것은 불가능하다.
그렇기 때문에 바꾸려고 하지 말고 존중한다.

우리는 자신이 인식한 것을 카테고리에 따라 분류하고 이해한다.

예를 들어 동물들을 서로 분간하지 못하는 유아는 처음 본 네 다리 동물이 개였다면, 이후부터는 다리가 넷인 모든 동물을 개로 분류해 버린다. 그리고 성장하면서 다리가 넷인 동물에는 고양이도 있고, 말 등도 있다는 사실을 인식한다. 더 나이가 들면, 같은 개라도 품종이 각각 다르다는 사실까지도 알게 된다.

이처럼 인간이 성장함에 따라 뇌 안에서는 분류에 필요한 선반이 점점 늘어난다. 앞의 예에서 생각해 보면, 유아일 때는 다리가 넷인 동물을 전부 '개'라는 선반에 올려놓는다. 하지만 성장하면서 '고양이'와 '말'이라는 선반도 생기고, 같은 '개' 선반도 개의 품종에 따라 세분화되어 간다.

이렇게 우리의 뇌 안에서는 무수한 선반이 만들어진다. 그리고 우리는 인식한 것을 무의식중에 분류하여 기존의 선반 위에 올려놓고 보존하게 된다. 인생의 경험이 쌓여가면서 선반은 점점 세분화되고, 개수 역시 늘어난다. '상식'의 선반이라고 표현해도 좋을 것이다.

이렇듯 무수한 선반으로 이루어진 생각의 틀(당사자에게는 상식)을 '스키마(schema)'라고 부른다.

스키마는 우리가 어떤 사물을 이해하는 데 도움이 되지만, 때로는 악영향을 끼치기도 한다.

예를 들어 우리는 어릴 때부터 산타클로스를 '크리스마스에 선물을 주러 오는 다정한 할아버지'라고 인식하고, 무의식중에 머릿속의 '다정한 할아버지'라는 선반 위에 분류해 둔다.

그래서 크리스마스 파티에 산타클로스가 나타나면 많은 사람들이 기뻐하며 맞이하게 되는 것이다.

그런데 그 산타클로스가 파티에 나타나서 총기를 난사한다면?

많은 사람이 혼란에 휩싸여 적절한 대처를 하지 못할 것이다. 왜냐하면 머릿속에서 '다정한 할아버지'로 분류해 둔 산타클로스가 사람을 죽인다는 모순에 직면하여 정신이 혼란스러워져, 대피나 방어라는 적절한 행동을 취하지 못하게 되기 때문이다 (실제로 있었던 사건이다. 비슷한 종류의 난사 사건과 비교하여 사상자 수가 훨씬 많았다고 한다).

만약 산타클로스가 아니라 시커먼 옷에 눈만 내놓은 복면을 덮어쓴 괴한이었더라면, 그 괴한이 어떤 행동을 취하기 전에 이미 사람들은 대처 방법을 마련했을 것이다.

> 스키마는 사람에 따라 다르기 때문에, 상대방에게 '어떤 사실'을 전달한다 해도 상대방이 그것을 반드시 자신의 기대대로 분류해 준다고는 할 수 없다.

구체적인 예로, 정신과 의사가 우울증을 앓고 있는 환자에게 "강아지를 키워보면 어때요? 강아지의 애교가 마음을 위로해 줄 것이고, 강아지를 보살피는 것 자체도 즐거울 테니까요."라고 말한 경우를 생각해 보자.

그런데 만약 그 환자가 과거에 개한테 물려 큰 상처를 입은 경험 때문에 개에 대한 공포심을 가지고 있다면, '지금 뭐라고 하는 거야? 무서운 개가 옆에 있는데 어떻게 즐거워진다는 거지?'라고 생각할 것이다.

이런 흔하디흔한 인식의 차이는 의사가 '개'를 귀여운 동물이라고 분류한 데 비해 환자는 '개'를 위험한 동물로 분류했기 때문에 생긴 것이다.

이처럼 스키마라는 것은 개개인마다 각양각색이기 때문에, 상대방과 완벽하게 같은 스키마를 가지는 경우는 절대 있을 수 없다.

인간이 태어나서 현재까지 구축해 온 분류의 선반(스키마)이 타인과 다른 것은 자연스런 일이다. 그렇기 때문에 다른 문화권에서 자란 외국인이라면 스키마의 차이가 더 클 것임은 너무나도 당연하다.

"상식이란 18세까지 만들어진 편견의 컬렉션이다"라고 한 아이슈타인의 말은 결코 농담도 아니고, 풍자도 아니다.

> 스키마가 서로 다르다면, 자신의 '상식'과 타인의 '상식' 사이에 어느 정도의 차이가 생기는 것 역시 당연하다.

이처럼 상식이라는 것은 굉장히 주관적인 개념이다.

그렇다면 사람에 따라 다른 스키마(상식)에 대처하려면 어떻게 해야 할까?

어떻게 하면 다른 스키마를 가진 상대방에게 자신의 진의를 제대로 전달할 수 있을까?

설득하지 않는 설득의 기술

내가 생각하는 유일한 방법은 추상화와 보편화이다.

먼저, 추상화에 대해 설명하겠다.

앞서 소개한 정신과 의사의 예로 돌아가 보면, 이때 의사가 '강아지' 대신에 상대가 '귀엽다고 생각하는 동물'이라고 추상화하면 인식의 차이가 생기지 않을 것이다.

더 자세하게 설명하면 다음과 같이 된다.

"혹시 동물을 좋아한다면 당신이 귀엽다고 생각하는 동물, 강아지나 고양이, 혹은 작은 새도 좋으니까 한번 키워보는 건 어떨까요?"

이처럼 추상화한 다음에 구체적인 예를 제시하면, 인식의 불일치가 크게 줄어들 것이다.

추상화와 마찬가지로 보편화도 굉장히 유용한 방법이다.

누구에게나 보편적으로 적용하기가 가장 좋은 것은 '숫자'이다.

"이 기계로 변경하면 최소한 연간 500만 엔의 전기요금을 절약할 수 있습니다"라든지, "이 계획을 실행한다면 연간 매출이 50%쯤 늘어날 것입니다"와 같이 말하는 것이다.

이상에서 확인한 것처럼 인간은 반드시 독자적인 스키마를 가지고 있다. 정도의 차이는 있을지언정, 완벽하게 타인과 동일한 스키마를 가지는 일은 일단 없다.

이런 스키마의 차이로 인해 상대방이 자신의 말을 의도와 다르게 받아들여, 괜한 오해가 생길 위험도 있다.

그렇기 때문에 상대방을 설득할 때에는 구체적인 예시 대신 반드시 추상적이고 보편적인 표현을 사용하는 것이 좋다.

물론 추상적이고 보편적인 표현만 사용한다면 설득력이 떨어지기 때문에, 앞서 설명한 "강아지나 고양이, 혹은 작은 새도 좋으니까"와 같은 구체적인 사례를 제시하는 것도 중요하다. 그렇지만 그것은 어디까지나 구체적인 '예시'일 뿐이지, 구체적인 것으로 한정지어서는 안 된다.

- ◆ 인간의 스키마(상식)는 굉장히 주관적이다.
- ◆ 다른 주관을 가진 상대방에게는 '추상화'와 '보편화'로 대응한다.

2

사람은 현실을
자신에게 유리하게 해석한다
- 편향 ①

포인트

상대방의 자기 평가에 상처를 내지 않는다.
전문가 편향에 대응하려면 제대로 된 전문가의 데이터 등을 준비한다.
매력 편향에 대응하려면 복장에 신경을 쓴다.
자기애 편향에 대응하려면 상대방의 장점을 찾는다.

우리의 사고방식이나 인식방식은 반드시 어느 한쪽으로 치우치는 경향이 있다. 인지 오류라고도 볼 수 있다. 이와 같은 인지의 치우침을 '편향(bias)'이라 부른다.

다양한 편향이 존재하지만, 이 책에서는 다음의 세 가지 편향을 소개하려고 한다.

1. 귀속 편향
2. 문화 편향
3. 규범 편향

먼저 '귀속 편향'에 대해 설명한 다음, 귀속 편향이 존재하는 것을 전제로 한 설득 방법에 대해 검토해 보겠다.

귀속 편향은 어떤 특징이나 특정한 일을 자기 자신이나 타인에게 귀속시키는 것인데, 더 깊이 들어가면 몇 가지 종류로 세분화할 수 있다.

예를 들어 우리가 병원 안에서 흰 가운을 입은 사람을 보면 의료 지식이 풍부한 전문가, 즉 의사라고 생각하기 쉽다. 의사라고까지 특정하지는 않아도 의료 관련 종사자라고 생각할 것이다. 즉, 의료 지식이 풍부한 전문가라는 특징을 병원 안에서 흰 가운을 입은 사람에게 귀속시키는 것이다.

실제로 의료 관계자가 아닌 일반인이 의사에게 빌린 흰 가운을 입고 있어도 흰 가운의 효과가 나타난다는 사실이 실험을 통해 검증되기도 했다.

이것을 귀속 편향 가운데 '전문가 편향'이라고 부르기로 하자.

또한 우리는 선량하고 솔직하다는 특징을 성격이 좋아 보이고 착한 외모를 가진 사람에게 귀속시키려는 경향이 있다. 반대로 생각하면, 착한 외모를 가진 사람이 선량하고 솔직하다고 생각해 버리는 것이다. 이것을 '매력 편향'이라고 부른다.

　마지막으로 사람은 자신의 공적에 대해서는 자신의 능력에서 원인을 찾으려는 한편, 타인에 대해서는 그 사람의 능력에서 원인을 찾는 것을 망설이는 경향이 있다.

　이런 경향은 심리학 연구를 통해서도 밝혀졌는데, 우리는 어떤 일이 일어나면 그것을 자신한테 유리하게 해석하려 한다는 것이다.

　예를 들어 시험에서 A를 받으면 그 성적을 자신의 '능력' 때문이라고 생각하는 것이다.

　그런데 타인이 자신보다 좋은 성적을 받으면 그 사람이 어쩌다 보니 운이 좋았을 뿐이라든지, 자신보다 더 오래 공부했기 때문이라고 생각한다.

　즉, 타인의 성공은 그 사람의 능력에서가 아니라 다른 곳(외부 상황)에서 원인을 찾으려고 하는 것이다.

　회사의 출세 경쟁에서도 이와 같은 일을 빈번하게 목격할 수 있다.

　대부분의 사람들은 자신이 승진하면 자신의 능력이 뛰어나기 때문이라고 생각하면서, 다른 사람이 승진하면 운이 좋았을 뿐이라고 치부하기 일쑤이다.

그렇기 때문에 당신의 상사가 승진했을 때, 상사가 단지 운이 좋았을 뿐이라고 겸손하게 말해도 그 말을 진심으로 받아들여서는 안 된다.

"상무님은 진짜 운이 좋았어요"라고 맞장구쳐 버린다면 분명 그 상무는 기분이 상할 것이다.

이럴 때는 "틀림없이 상무님의 능력이 뛰어나서서 그런 거예요. 겸손하시기까지……"라고 치켜세워 줘야 한다.

반대로 상사의 라이벌이 먼저 승진한 경우라면 "그 사람은 정말 운이 좋네요. 부장님이 더 실력이 있는데……"라고 아쉽다는 듯이 말하면 된다.

"저분, 진짜 일을 잘하시는데 승진 역시 빠르네요"와 같은 칭찬은 절대 해서는 안 된다.

반대로 우리는 좋지 않은 상황이 벌어지면 그 원인을 자신이 아닌 타인의 능력에서 찾으려고 한다.

자신에게 좋지 않은 일이 벌어졌을 때 그 원인을 자신에게서 찾지 않고 "저 사람보다 내가 승진이 늦는 것은 운이 나빴기 때문이야"라고 말하고, 타인에게 벌어진 좋지 않은 일에 대해서는 타인의 능력에서 원인을 찾으며 "저 사람이 나보다 승진이 늦는 것은 능력 부족 탓이야"라고 말하는 것이다.

이러한 편향을 귀속 편향 가운데 '자기애 편향'이라 부른다.

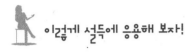
이렇게 설득에 응용해 보자!

이처럼 귀속 편향은 크게 다음과 같이 분류할 수 있다는 사실을 알았다.

- 전문가 편향
- 매력 편향
- 자기애 편향

그러면 우리에게 기본적으로 이와 같은 편향들이 존재한다는 것을 전제로 각각의 설득 대책을 생각해 보자.

전문가 편향에 대해서는 자신이 전문가라면 문제가 없겠지만, 그렇지 않다면 전문지식을 빌린다. 신뢰할 수 있는 전문가의 자료나 데이터 등을 제시하면 상대방의 전문가 편향을 해결하기가 쉬워진다.

매력 편향에 대해서는, 만일 자신의 용모가 타인에게 호감을 줄 수 있는 정도가 못 된다면 불리하게 작용한다는 사실을 알 수 있다.

하지만 걱정할 필요는 없다.

청결을 유지하고 복장을 단정히 하며 항상 웃으면서 스마트한 말투로 말한다면, 상대방은 오히려 호감을 가질 것이다. '외모와는 달리 성실하고 진솔한 사람이네'라는 의외의 느낌을 주는 효과가 있기 때문이다.

자기애 편향에 대한 대책은 분명히 말해서 굉장히 어려운 게 사실이다. 인간에게는 이런 편향이 내재해 있다는 사실을 인식하고, 임기응변으로 대응할 수밖에 없다고 생각한다.

예를 들어 일대일로 설득을 할 경우에는 "사토 씨처럼 명석한 두뇌를 가진 분이라면 이해하실 거라고 생각하지만……"과 같이 능력을 칭찬하는 방법도 생각해 볼 수 있다.

하지만 근거도 없이 상대방의 능력을 칭찬한다면, 노골적으로 아부를 한다는 인상을 줄지도 모른다.

그래서 사전에 상대방의 개인적인 정보를 입수해서 칭찬할 만한 점을 찾아두면 상당히 효과적이다.

"사토 씨는 미국에서 MBA를 받으셨으니까 '공자 앞에서 문자 쓰고 있네'라고 생각하실 수도 있겠지만……" "사토 씨는 업계에서 이미 경험이 많으시니까……"와 같이 상대방의 장점을 사전에 찾아두고, 그런 장점이 있으면 자신이 설득하려는 내용을 충분히 이해해 줄 것이라는 식으로 표현하는 것이다.

많은 사람을 상대로 하는 프레젠테이션이라면 "여러분처럼 초일류 기업의 사원이라면……" 또는 "여러분처럼 사내에서 선발된 사람이라면……"과 같이 상대방을 칭찬하는 포인트를 강조하면 효과적이다.

강연을 할 때는 맨 처음에 "휴일을 반납하고 여기까지 와주실만큼 학습 의욕이 대단한 여러분의 기대에 부응할 수 있도록 최선을 다하겠습니다."라고 말한다면 굉장히 효과적일 것이다.

이상에서 설명한 것처럼 많은 사람들이 가지고 있는 귀속 편향을 잘 이용하면 듣는 이의 수용 범위가 넓어지고, 상당한 효과를 볼 수 있을 것이다.

귀속 편향에 대한 대책
◆ 대부분의 사람은 자신을 평균 이상이라고 생각한다(자기 평가를 20%쯤 더 높게 한다?).

3

소속 집단이나 세대가 다르면
상식과 규범도 다르다
- 편향 ②

포인트

> 모두에게 미움을 받지 않으려거든 '로마에 가면 로마법을 따
> 라라'.
> 그러지 않으면, 상대방과 같은 문화 편향을 가진 사람을 중간에
> 세운다.

다음으로, '문화 편향'과 이에 대한 대책을 검토해 보겠다.

먼저, 대전제로 매슬로우의 욕구 단계 이론을 간단하게 정리
해 보자.

매슬로우는 인간의 욕구를 가장 하위 단계인 생리적 욕구부
터 안전 욕구, 사랑과 소속 욕구, 존경 욕구, 자아실현 욕구의
순서로 정의했다(56쪽 참조).

이 중에서 문화 편향은 아래에서 세 번째 욕구인 '사랑과 소속 욕구', 특히 '소속 욕구'에서 비롯된 것이다.

인간이 어느 특정 집단에 소속되려는 욕구는 굉장히 중요한 성향이다. 집단에 소속되면 다른 사람들과 정보를 함께 나누고 협력도 하면서, 집단적 이익을 배가시킬 수 있기 때문이다.

즉, 사람은 한 마리의 고독한 늑대로 살아가게 된다면 자신의 생존 문제에 위협을 받을 수 있다는 사실을 본능적으로 알고 있기 때문에, 특정 집단에 소속되어 전체의 이익과 자신의 이익을 늘리면서 살아가고 싶다는 욕구를 갖고 있다.

집단에 소속되면 주위 사람들의 행동을 무의식적으로 모방하게 된다. 그리고 소속된 집단 내에서 널리 받아들여지고 있는 습관, 규칙, 신념, 행동 등도 따르게 된다. 만약 따르지 않는 다면 집단 내 타인으로부터 비난을 받게 되고, 최악의 경우에는 집단에서 추방될 수도 있기 때문이다.

이처럼 인간이 특정 집단 내에서 따르게 되는 습관, 규칙, 신념, 행동 등을 문화 규범이라 부른다. 쉬운 말로 표현하자면 '집단 안에 있는 이상 그 집단의 규칙에 따르는 것'이다.

집단의 규칙이 집단의 문화이며, 집단의 문화에 따라야 한다는 것이 문화 규범이다.

이렇게 사람은 문화적으로 전해져 온 규범에 어릴 때부터 동화되고, 그 규범은 평생 동안 그 사람의 행동에 큰 영향을 끼치게 된다.

실제로 사람은 자신과 같은 문화 규범을 가진 사람들이 주위에 있으면 보다 쾌적하게 생활할 수 있다. 같은 규범을 가진 사람들은 대개 같은 방식으로 생각하고 말하며 행동하기 때문에, 서로의 행동이나 생각을 예측하기 쉽다.

그런데 문제는 그 문화 규범이 자신의 생각이나 행동에 미치는 강력한 영향력에 대해 잘 인식하지 못한다는 것이다. 이는 물고기가 자신이 살고 있는 물에 대해 각별히 느끼지 못하는 것과 같은 이치이다.

그 결과 우리는 무의식중에 다른 사람도 자신과 똑같이 생각하고 행동할 것이라고 기대하게 된다.

그렇기 때문에 자신과 같이 생각하고 행동하지 않는 사람을 보면 '이상하다'고 느끼기도 하고, 나아가서는 자신하고 다른 행동을 '옳지 않은 것'으로 받아들이기까지 한다.

외국인을 집으로 초대한 상황을 생각해 보자. 식사를 하기 위해 밥그릇에 밥을 담아서 식탁에 올려두었다. 그때 초대된 외국인이 무심코 밥그릇에 젓가락을 수직으로 꽂았다면? 일본인은 그 외국인의 행동을 불길한 것, 즉 '나쁜 것'으로 받아들이며 혐오감을 가질지도 모른다. 일본에서는 죽은 사람에게 밥을 올릴 때 젓가락을 수직으로 꽂기 때문이다.

어떤 나라에서는 아이의 머리를 쓰다듬는 것이 굉장히 몰상식하고 불쾌한 행동으로 간주되기도 한다.

이처럼 우리는 자신도 모르는 사이에 우리가 따르며 살아온 문화 규범의 영향을 강력하게 받고 있다.

문화의 차이라고 해버리면 그뿐이겠지만, 그 문화의 차이가 우리가 자각하는 것 이상으로 강력한 영향력을 행사한다는 사실은 이해해 둘 필요가 있다.

그런데 상대방이 외국인이라면 대부분의 사람들이 문화 규범의 차이 정도는 인식하고 있기 때문에, 나름대로의 이해와 대책이 마련되어 있다. 하지만 같은 나라 사람끼리는 문화 규범의 차이를 인식하지 못하는 경우가 의외로 많다.

예를 들어 40세 전후의 직장인이 돌출 행동을 하는 신입사원에 대해 '참 특이한 녀석이네'라며 빈정대는 것도 사실 문화의 차이 때문이다. 세대의 차이가 있다면 성장 과정도 다르고 소속 집단의 특성도 다르기 때문에, 당연히 문화 규범도 달라진다.

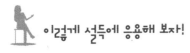

문화 규범의 차이를 극복하고 설득에 성공할 수 있는 대책에 대해 생각해 보겠다.

외국인을 상대로 설득하는 것은 비교적 쉬운 일이다.

왜냐하면 설득 대상인 외국인이 당연히 자신과는 다른 문화를 가졌을 것이라고 이미 전제하고 있기 때문이다. 그래서 상대방의 문화의 특징 역시 사전에 파악해 두었을 것이다. 혹시 생각지 못한 오해가 생기더라도, '문화 차이에 따른 오해'라고 서로가 이해할 것이기에 걱정할 만한 사태로 번지지는 않는다.

문제는 같은 나라 사람을 설득하는 경우이다.

이 경우는 같은 나라 사람이니까 문화 차이 같은 것은 없을 것이라고 생각하고, 충분히 준비하지 않은 상태에서 상대방을 대하는 일이 적지 않다. 적어도 외국인을 상대로 할 때처럼 꼼꼼하게 배려하지는 않을 것이기 때문이다.

사실 여기에 큰 함정이 도사리고 있다.

수백 명(또는 그 이상)의 사람들과 상담을 해온 나의 경험에 비춰 봤을 때 사고방식이나 행동 패턴은 연령, 직업, 성별, 출신지 등에 따라 완전히 달라진다.

같은 나라 안에서 근처에 살고 있다 해도 역시 마찬가지이다.

믿기 어려울지도 모르겠지만, 이것은 엄연한 사실이다.

개인의 기호라는 벽을 넘어서 그 차이를 몇 가지로 분류할 수 있다는 사실도 발견했다. 연령이나 거주 지역을 기준으로 어느 정도 구분할 수 있고 조직에 속한 사람인지, 자영업을 하는 사람인지에 따라서도 구분할 수 있다. 조금 더 세세하게 나누자면, 기업 문화에 따른 차이도 있을 것이다.

남녀의 차이는 말할 필요도 없다. 이성은 외국인이라고 생각해도 될 정도이다.

이렇게 문화 규범이 다른 사람들을 설득할 때 내가 특히 유의했던 부분은 일단 상대방의 이야기를 충분히 듣는 것이 중요하다는 사실이다.

아무리 어느 정도 분류가 되어 있다 해도 그것은 하나의 기준에 불과할 뿐이다.

자칫 선입관을 가지고 상대방을 대한다면 설득은커녕 대화 그 자체가 성립되지 않을 수도 있다.

막 변호사가 되었을 때, 의리와 인정을 중시하는 문화 규범을 가진 사람에게 "법률에는 이렇게 되어 있습니다"라고 단언해 버려서 상대방을 격노하게 만든 쓰라린 경험도 있다.

이런 씁쓸한 경험을 몇 번이나 되풀이하면서, 예단하지 말고 마음을 열어 상대방의 이야기를 듣고 상대방의 문화 규범 속으로 들어가는 방법밖에 없다는 결론을 내리게 되었다.

미리 예단해서 지름길로 가려고 하면 오히려 호되게 당할 수도 있다. '급할수록 돌아가라'야말로 최선의 방책이다.

> 천천히 이야기를 들으면서, 상대방의 사고방식이나 취향 등의 정보를 모은다.
> 설득을 시작하는 것은 그 다음부터이다.

차분하게 상대방의 이야기에 귀를 기울여 상대방을 파악하고 나면, '이런 것에 민감하고 저런 것에는 별로 신경 쓰지 않는구나'와 같이 (상대방의 성격을 아는 것처럼) 상대방의 문화 편향도 이해할 수 있게 된다.

다행히 인간은 자기 자신에 대해 이야기하는 것을 좋아하기 때문에, 자신이 알고 싶은 방향으로 상대방의 관심을 유도하면 알아서 스스로의 이야기를 하게 된다. 이때 상대방의 이야기를 잘 듣고 그 사람의 성격을 파악하는 동시에 그 사람의 문화 편향도 이해하면 된다.

사실 '문화 편향'을 '성격 차이'로 이해하고 있는 사람들이 의외로 많다. 하지만 성격의 차이라고 생각하든, 문화 편향의 차이라고 생각하든 그에 대한 대처법은 같다.

바로 상대방을 잘 파악하는 것이 최고의 대책이다.

여기서는 문화 편향의 차이를 '이상한 성격'이라거나 '나와는 절대 맞지 않는 성격'이라고 단정하지 않는 것이 매우 중요하다. 이런 식으로 미리 단정하고 사람을 대하게 되면 사고 정지 상태에 빠져, 그 이상 아무 일도 진전되지 않는다.

문화 편향의 차이일 가능성이 높다면, 가장 빠른 방법은 상대방과 같은 문화 편향을 가진 사람을 중간에 세우는 것이다.

그 사람이 통역사처럼 서로의 문화 사이에서 중개자 역할을 해줄 것이기 때문이다.

그런데 이런 역할을 해줄 적절한 사람이 없다면 '로마에 가면 로마법을 따라라'로 해결하도록 한다.

자신이 적극적으로 나서서 상대방의 사고와 행동을 변화시켜야 한다면, 상대방의 문화 편향을 존중하고 자신의 문화 편향은 가급적 내세우지 않도록 한다.

'문화 차이는 감수하자' 정도의 도량이 없다면, 많은 사람들과 연결고리를 만들기는 어려울 것이다.

문화 편향에 대한 대책
◆ 문화 편향은 '성격 차이'가 아니라는 사실을 이해한다.
◆ 누구나 자신의 문화 규범을 무의식중에 최고로 생각하고 있다는 것을 알아야 한다.

4

사람은 다른 사람들과 같은 행동을 하고 현 상태를 유지함으로써 안전을 도모한다

- 편향 ③

포인트

지금까지의 방식을 고수하는 사람(회사)에게는
'다른 사람(회사)도 모두 새로운 방식을 채택하고 있다'고 설득해 보자.

이 책에서 소개하는 세 가지 편향 중 마지막은 '규범 편향'이다.

이 규범 편향은 제1장에서 설명한 인간의 보수성과 마찬가지로, 매슬로우의 욕구 단계 이론의 아래에서 두 번째에 해당하는 '안전 욕구'에서 비롯된 것이다.

문화 편향이 이보다 한 단계 위의 '사랑과 소속 욕구'에서 나온 것이기 때문에, 규범 편향은 문화 편향보다 더 근원적이고 보편적인 욕구에 바탕을 둔다.

그런 의미에서 문화 편향처럼 상대방과의 차이를 인식할 필요는 없지만, 그 중요성은 확실히 크다고 할 수 있다.

안전 욕구에서 출발한 규범 편향은 크게 다음의 두 가지로 분류할 수 있다.

1. 안전을 확보하기 위해 자신과 비슷한 타자의 행동을 규범으로 삼아 모방하는 경향
2. 현재 상황을 유지하려는 경향(제1장에서 설명한 보수성과 이어진다)

1의 '타자 모방'이라는 것은 일단 자신과 비슷한 사람들을 따라만 하면 안전이 확보된다는 뜻으로, 안전 욕구에서 비롯된 것이다.

남들과 다른 행동을 하면 눈에 띄게 되어 안전을 위협받을 가능성이 있다는 생각에서 나온 것이다. 외부의 적이 눈에 띄는 사냥감을 먼저 채간다는 것쯤은 쉽게 상상할 수 있으리라.

그리고 여기에서 나온 것으로 '사회적 증거의 원칙'이라는 것이 있다.

엄청나게 거창한 이름으로 불리고 있지만 간단하게 말하면 인간은 타인, 특히 자신의 지인이나 친구를 따라 하는 경향이 있다는 것이다.

이것은 개인주의가 팽배한 미국에서도 두드러지게 나타나는 현상이다.

미국에서 있었던 한 실험을 소개하겠다. 병원 대기실에서 사람(연기자)들이 마치 당연하다는 듯이 속옷 차림으로 앉아 있었다.

그러자 나중에 대기실에 도착한 다른 환자 2명도 옷을 벗으라는 의사의 지시나 설명이 없었는데도 자발적으로 옷을 벗고 속옷 차림이 되었다고 한다.

이처럼 개인주의적 성향이 강하다는 미국인도 타인(특히 지인이나 친구)을 따라 행동하기 일쑤이다. 하물며 집단주의적 성향이 강한 나라 사람들은 말할 필요도 없다.

일상생활 속에서도 친구들에게 아주 인기 높은 TV 프로그램이 있다면 자신도 한번 보려고 할 것이고, 지인들이 점심시간에 자주 찾는 스파게티 전문점이 있다면 자신도 한번 가보고 싶을 것이다.

2의 '현상 유지를 중시하는 경향' 역시 이미 설명한 것처럼, 지금까지와 동일한 상태로 있으면 앞으로도 안전하게 살 수 있을 것이라는 안전 욕구에서 나온 것이다.

변화는 위험을 동반한다는 두려움 때문이기도 하다.

좋은 예가 '전례주의(前例主義)'이다.

이전과 똑같이 행동하면 안전할 것이라고 생각하여, (그 전례의 옳고 그름을 떠나) 전례에 따르려는 경향이다.

이것은 실패가 출세에 영향을 미치는 관공서나 대기업에서 현저하게 나타나는 현상이지만, 절대로 관공서나 대기업 특유의 현상만은 아닌 것이다. 개인사업자나 중견 사업가 역시 무의식중에 전례주의의 굴레에서 벗어나기 힘들다.

 이렇게 설득에 응용해 보자!

그렇다면 설득을 할 때 이 규범 편향을 어떻게 이용하면 효과적일지에 대해 생각해 보겠다.

우선, 사람은 타인의 행동을 모방한다는 관점에서 앞서 설명했듯이,

"동일한 업계의 다른 회사에서도 채택했어요."

"지인인 스즈키 씨도 샀어요."

와 같은 문구를 사용하는 것이 적당하다. 즉, 모두가 이렇게 하고 있다는 것을 강조하는 것이다.

단, 이 경우의 '모두'라는 것은 설득할 상대방의 지인이나 같은 지역에 사는 사람 또는 동종업계 종사자처럼 공통성을 가진 누군가이다.

사실 나도 이 방법에 의해 맥없이 설득을 당한 경험이 있다.

모 보험회사 담당자가 '변호사 소득보상보험'이라는 상품을 팔기 위해 찾아왔다. 개업 당시에는 시간적 여유가 많았기 때문에 일단 이야기를 들어보기로 했다.

담당자는 "다치거나 병에 걸렸을 때, 변호사회 회장의 도장만 받으면 보험금이 바로 지급됩니다. 변호사님과 동기인 T변호사님, H변호사님도 가입했습니다."라고 말했다.

나는 동기 변호사들이 가입했다는 말에 안심하고 그 보험 상품에 가입했다. 수년이 흘러 몸이 좋지 않아서 보험금을 신청하려고 하자 대상이 되는 상처나 질병이 아니라며 보험금이 지급되지 않았다. 그때 나는 큰 충격을 받았다.

나는 동기 2명이 가입했다는 꼬드김에 보험 상품의 약관을 살펴보지도 않고 덜컥 가입을 했던 것이다. 만약 그들의 이야기가 나오지 않았더라면, 나는 분명 약관을 자세히 검토한 후 계약 여부를 결정했을 것이다.

변호사가 자신이 들 보험의 계약 내용조차 제대로 확인하지 않다니, '사회적 증거의 원칙'의 파괴력은 역시 대단하다는 생각이 들었다.

이처럼 누군가가 사회적 증거의 원칙을 이용하여 설득을 해온다면 일단 잠시 한숨을 돌리고, 자신이 놓인 상황을 냉정하게 살펴봐야 한다.

왠지 모르게 남들이 다 하니까 나도 하는 것 같은 생각이 든다면, '나'를 '또 다른 나'가 객관적으로 관찰하고 있다고 생각해 본다.

이것을 '메타인지'라 부른다.

메타인지를 활용하여 다른 각도에서 냉정하게 자기 자신을 바라보면서, 추천받은 상품이 자기 자신이나 회사에 정말 필요한 것인지 생각해 본다.

그런데 문제는 2의 '현상 유지 편향'에 어떻게 대처할지이다. 확실하게 말해서 이 문제가 꽤 까다롭다.

큰 돌을 한번 상상해 보자. 돌은 한 번 구르기 시작하면 탄성이 생겨 별다른 힘을 가하지 않아도 계속 굴러가지만, 멈춰 있는 돌을 처음 움직이려고 할 때에는 큰 힘이 필요하다.

그렇다면 멈춰 있는 돌을 어떻게 해야 움직일 수 있을까?

그 전에 먼저, 현상 유지 편향 때문에 실패한 예를 살펴보겠다.

과거 기린맥주는 일본에서 압도적인 점유율을 기록하고 있었다. 나보다 훨씬 윗세대는 어디를 가도 기린 라거맥주만 마셨다. 밖에서 기린 라거맥주를 마시고 집에 와서도 기린 라거맥주를 마시는 것이 그 세대 사람들에게는 당연하게 여겨질 정도였다.

기린맥주는 이미 가지고 있던 이 압도적인 시장 점유율을 유지하고 싶은 마음에 생맥주 시장으로의 진출을 미루게 되었다. 그 결과, 기린맥주는 생맥주 시장에서 타사에 비해 뒤처지게 된다.

소니도 아이팟이 발매되기 전에 같은 기종을 제조·판매할 기술을 가지고 있었다고 한다. 그런데 "그렇게 되면 계열사인 음반회사의 CD가 팔리지 않을 것이다"는 반대 의견에 밀려서 제품화가 이루어지지 않았다. 그 결과 애플에게 여지없이 당하고 만 것이다.

이것도 'CD의 매출을 유지하고 싶다'는 현상 유지 편향이 실패로 이어진 전형적인 사례이다.

이처럼 기업이 현상 유지 편향 때문에 크게 실패한 사례는 셀 수 없을 정도로 많다. 미국에서 최초로 디지털 카메라를 발명했다고 알려진 이스트만 코닥도 필름에 집착한 나머지 같은 실수를 저질렀다.

이와 같은 현상 유지 편향에 대한 일반적인 대처 방법은 현상황이 악화되지 않는다는 사실을 이해시키는 것이다.

즉, '변화를 해도 존재 자체를 위협받을 만한 일은 일어나지 않는다'는 사실을 상대방이 납득할 때까지 객관적인 데이터나 구체적인 사례를 제시하면서 설득하는 것이다.

예를 들어 기린맥주가 생맥주를 출시한다고 해도 그것은 절대 기린 라거맥주를 부정하는 것이 아니며, 기린 전체로 보면 시장 점유율을 더한층 끌어올릴 기회가 된다는 사실을 설명하는 자료가 필요하다는 것이다. 이때는 생맥주에 대한 소비자의 의식조사 결과나 각 선진국의 맥주 소비 상황 데이터 등이 중요한 자료가 될 것이다.

여담이지만 우리 세대가 취업을 준비할 시기에는 "미쓰비시 계열의 회사에 들어가면 미쓰비시 계열의 시설에서 기린 생맥주를 마실 수 있다"는 말을 듣고 미쓰비시 계열사에 지원하려는 취업준비생들이 적지 않았다. 나도 그중 하나였다.

이런 상황이었기 때문에 의식조사는 간단하게 할 수 있었을 것이다.

현상 유지 편향에 대항할 때 자주 쓰는 설득 방법이 있다. 바로 안전 욕구보다 더 근원적인 생존 욕구에 호소하는 방법이다.

"지금 같은 IT 전성시대에 계속 이렇게 수작업만 해서는 최악의 경우 우리 회사는 도산할 거예요"와 같이 말하는 것이 하나의 예가 될 수 있다. 이런 위협적인 말은 현실적인 범위 안에서 하는 것이 중요하다. 도요타자동차 같은 대기업의 부장에게 아주 작은 수작업 하나를 예로 들면서 '도산할지도 몰라요'라고 말한다면 역효과만 나타날 뿐이다.

참고로, 이혼을 해야 할지 말지를 고민하던 한 남자와의 상담 사례를 소개하겠다.

이때 나는 이혼을 할 경우의 장점과 단점을 쭉 열거했으며,

"지금까지 저의 경험과 지식을 바탕으로 이혼에 따르는 일반적인 장점과 단점을 쭉 설명했습니다. 이것에 야마모토 씨의 상황을 대입하여 생각해 보면, 장점1과 단점2를 지워야 합니다. 하지만 새로운 단점이 하나 생기는데……."

라고 상황을 정리했다.

그 다음,

"최종적인 선택은 야마모토 씨에게 달렸습니다. 이혼이라는 것은 현재의 상황을 크게 바꿔버리는, 인생의 아주 중요한 결정이기 때문에 일개 변호사가 결정할 수 없습니다. 자신의 인생관에 따라 결정하시면 됩니다."

라고 말했다.

여기서 왜 여자가 아닌 남자의 예를 들었을까?

여자의 경우는 변호사에게 상담을 하러 오는 단계쯤에 이르면 이미 이혼이라는 결단을 내린 경우가 대부분이기 때문이다.

이처럼 상대방의 현상 유지 편향을 뒤집으려는 상황에서는 객관적인 관점에서 생각할 수 있는 장점과 단점을 설명한 다음, 최종적인 판단은 본인에게 맡긴다. 이 방법은 꽤 효과적인 설득 방법

이다.

객관적인 장점과 단점을 제시할 수 없다면, 상대방은 현상 유지 편향에 묶인 채 움직이려고 하지 않을 것이다. 그렇기 때문에 움직일 수 있는 동기를 유발할 만한 재료를 제공하는 것만으로도 충분한 설득이라고 할 수 있다.

회사 경영자를 대상으로 설득을 할 때도 같은 방법을 사용한 적이 있다.

일단 객관적인 장점과 단점을 가능한 한 다양하게 생각해 낸 다음, 글로 써서 제시하는 것이다. 이때는 글로 써서 제시하는 것이 굉장히 중요하다. 두 가지를 객관적으로 비교해 보기 쉽기 때문이다.

그리고 경영자가 나에게 어느 쪽을 선택할지 물어보면, "그것을 결정하는 것이 경영자로서 사장님의 역할입니다"라고 대답하기만 하면 된다.

규범 편향에 대한 대책
◆ 누구나 새로운 분야로 진출하는 것을 두려워하지만, 주위보다 뒤처지는 것은 더 무섭다고 생각한다.
◆ 현상 유지 편향에 대응할 때는 객관적인 장점과 단점을 되도록 많이 열거한다.

사람은
지름길을 택해 판단한다
- 휴리스틱 ①

상대방이 사고의 지름길(휴리스틱)로 가려고 하면,
본래의 길을 함께 걸어가며 이해시킨다.

제2장에서는 우리 마음의 뒤편에 있는 '사고의 버릇'에 대해
생각해 보고 있다. 스키마, 편향에 이어서 여기서부터는 '휴리
스틱(heuristics)'에 대해 살펴보겠다.

휴리스틱이라는 말을 들어본 적이 있는 사람은 많지 않을 것
이다. 하지만 절대 어려운 개념이 아니다. 이제부터 휴리스틱에
대해 알기 쉽게 설명하겠다.

인간이 어떤 판단을 내릴 때 다양한 추론(연역적 추론, 귀납적

추론)을 이용하여 결론을 이끌어내는 것을 논리적이라고 말한다.

여기서 말하는 추론은 절대 어려운 과정이 아니다. 매운 카레를 먹고 싶을 때, 매운 단계가 높은 카레인 '카레루'를 구입하는 것과 같은 수준이다.

그런데 실제로 우리가 일상생활 속에서 판단을 할 때 의존하는 것은 논리적인 추론이 아니라 경험법칙이다.

이 경험법칙을 휴리스틱이라고 부른다.

그러니까 심리적인 지름길(논리적 추론이라는 길을 거치지 않고 지름길로 가는 것)이라는 것이다. 간단하게 말해서 휴리스틱은 인간의 뇌가 지름길을 택해 판단을 한다는 뜻이다.

앞에서 설명한 카레의 예로 다시 돌아가 보면, 나는 매운 카레를 먹고 싶을 때는 망설이지 않고 '자와카레 매운맛'을 고른다. 사실 포장지에 적힌 설명을 자세히 비교해 보면 '자와카레 매운맛'보다 '카레루'가 더 매울지도 모른다.

상황은 달라도 다른 사람들도 이와 같은 행동을 하고 있을 것이다. 지금까지 사용해 본 적이 없는 구강 케어제품을 살 때도 유명 브랜드 제품이라면 안심하고 바로 구입할 것이다. 여러 정보를 비교해서 자신에게 맞는 제품을 고르는 것이 더 합리적인데도 말이다.

특히 분주하게 장을 봐야 하는 경우, 일용품을 구입해야 할 때 시간을 투자해서 성가신 비교 조사를 한 다음 판단을 내리기보다는 '유명 브랜드 제품이니까 안심할 수 있다'라는 휴리스틱에 자주 의존하게 된다.

인간은 시행착오를 통해 휴리스틱을 만들어간다. 반복되는 시행착오를 겪으면서 '굳이 처음부터 다시 한다'는 부담감에서 스스로를 해방시키기 위해 휴리스틱이 만들어지는 것이다.

일상생활에서 그때그때 필요한 결단을 내릴 때 그 하나하나를 전부 곰곰이 생각해야 한다면 일상생활이 불가능해질 것이다.

어린아이가 물건을 고를 때 이것저것 곰곰이 생각하는 것은 아직 휴리스틱이 충분히 만들어지지 않았기 때문이다.

이처럼 '휴리스틱 처리'는 우리가 일상생활을 빠르게 해나가기 위한 하나의 수단이라고 할 수 있다. 하지만 한편으로 신속화와 단순화를 위해 정확성을 희생한 결과 때로는 사고의 오류가 발생하기도 한다. 이를테면 '속도와 정확도를 교환하는 것'이다.

문제는 신중한 추론이 필요한 상황에서도 이 휴리스틱을 사용해 버리는 것이다.

예를 들어 형사재판을 담당하는 판사가 피고인에 대해 '검찰이 기소했으니까 유죄일 것이다'라는 휴리스틱을 무의식적으로 사용하는 것은 절대 드문 일이 아니다.

여담이지만 이와 같은 판사는 첫눈에 알아볼 수 있다. "피고인은 증언대로 올라와 주십시오"라고 말해야 하는 순간에 마치 범죄자로 단정하는 듯한 명령조로 "피고인은 증언대로 나오세요"라고 지시하는 판사를 굉장히 많이 봐왔다. 형사소송법에 유죄 판결이 나기 전까지는 피고인을 무죄로 추정한다는 '무죄 추정의 원칙'이 있는데도 말이다.

대표적인 휴리스틱에는 다음의 세 가지가 있다.

1. 대표성 휴리스틱
2. 가용성 휴리스틱
3. 기준점과 조정 휴리스틱

먼저 '대표성 휴리스틱'에 대해 설명하겠다.

앞서 소개한 '카레루를 선택하지 않은 것'에서도 대표성 휴리스틱이 나타난다.

복습을 하자면, 의사결정을 할 때 하나하나 추론을 해나가는 수고를 덜고 지름길로 가서 결정을 해버리는 것을 휴리스틱이라고 부른다고 했다. 경험법칙이 쌓이면 쌓일수록 망설임 없이 '지름길'을 선택하는 것이 일반적이다.

앞서 살펴본 '편향'과 비슷하다고도 할 수 있다. 그러나 편향은 수많은 추론을 생략하는 것이 아니라, 과거의 경험이나 주어진 조건의 영향을 받아 한쪽으로 치우친 심증을 굳히는 것이다. 단 한 번의 경험이나 단 하나의 조건이라도 영향력이 크다면 편향의 원인이 된다. (휴리스틱과 편향 양쪽을 혼동해서 설명하는 책도 있지만, 이처럼 편향과 휴리스틱은 명확하게 다른 개념이다.)

예를 들어 A의 경험법칙(즉 휴리스틱)이 다음과 같다고 가정해 보겠다.

'숫자를 잘 다루는 남자는 회계사나 세무사이다.'

'음악을 잘하는 남자는 음악가이다.'

이때 한 마을의 성인 남자 중 75%가 회계사무소에서 일한다고 해보자. 이 사실을 A도 알고 있다.

그런데 A는 그 마을에서 우연히 만난 남자가 음악을 잘한다고 말하면, 이 남자를 음악가로 생각해 버린다. 확률적으로 생각하면 이 남자가 '음악을 잘하는 회계사'일 확률이 훨씬 높은데도 말이다.

A는 75%라는 확률을 충분히 인식하고 있음에도 불구하고, '음악을 잘하는 남자는 음악가이다'라는 사고의 지름길로 가버린 것이다.

이것이 전형적인 '대표성 휴리스틱'이다. 인간의 마음속에서 만들어진 휴리스틱은 종종 우리가 잘못된 판단을 하게 만들기도 한다.

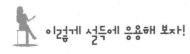
이렇게 설득에 응용해 보자!

그렇다면 이와 같은 강력한 휴리스틱을 극복하고 설득에 성공하려면 어떻게 해야 할까?

상대방의 휴리스틱이 자신에게 유리한 상황이라면, 그대로 둬도 아무 문제가 없을 것이다. 예를 들어 기존에 P사의 가전제품만 쓰던 사람에게 P사의 제품을 사도록 설득하는 것은 아주 쉬운 일이다.

하지만 상대방의 휴리스틱이 자신에게 최악이라고 할 수 있을 정도로 적대적인 것이라면 어떻게 해야 할까?

예전에는 '증권회사는 어차피 주식 매매나 하는 데니까 믿을 수 없어. 은행만 믿을 수 있어.'라고 생각하는 사람들이 많았다. 분명 이런 사람들은 동일한 투자신탁 상품을 증권회사 직원에게는 구입하지 않아도 은행원에게서는 선뜻 구입할 것이다.

'일본차가 최고이다'라고 생각하는 사람에게 벤츠나 BMW는 가격만 비싼 외제차일 뿐이다.

휴리스틱은 판단까지 가는 지름길에 불과하다.

만약 그 지름길이 올바른 목적지로 데려다주지 못할 것이라고 설득하려면, 본래 거쳐야 할 사고(思考)의 길을 상대방과 함께 걸으면서 설명하면 된다.

P사의 가전제품만 선호하는 사람에게 S사의 제품을 추천하려면,

"P사는 냉장고나 세탁기 같은 가전제품은 확실히 뛰어납니다. 하지만 최근의 TV는 가전이라기보다는 컴퓨터에 가깝습니다. 컴퓨터는 S사가 유명하죠. 그러니까 이 기종의 TV는 S사가 특히 자신 있게 추천하는 제품입니다."

라고 설명하는 것이다.

'가전 ⇨ P사 제품이 좋다'라는 휴리스틱은 그대로 두고 '최근의 TV는 가전이 아니라 컴퓨터이다'라고 믿게 만들면, '⇨ P사 제품이 좋다'가 아니라 '컴퓨터 ⇨ S사 제품이 좋다'가 되기 때문이다.

휴리스틱은 판단을 하기까지의 사고의 지름길이기 때문에, 이를 넘어서기 위해서는 지름길을 통하지 않고 실증적, 논리적으로 대응해야 한다.

그렇다면 휴리스틱으로 유죄의 심증을 굳히게 된 판사에 대해서는 어떻게 설득하면 좋을까?

피고인이 깔끔한 옷을 입고 정중한 말투로 "저는…, 저는 절대로 하지 않았습니다"라고 울면서 호소한 다음, "잘 알고 계시

듯이 형사재판에서는 무죄 추정의 원칙이 있습니다"라고 이미 다 알고 있는 원점으로 돌아가서 차근차근 해명하는 것이 하나의 방법이 된다.

- 사람은 경험법칙(휴리스틱)을 바탕으로 판단하는 경향이 있다. 그래야만 신속한 판단을 내릴 수 있으므로, 일상생활을 원활하게 이끌어갈 수 있게 된다.
- 하지만 그 판단이 틀린 경우에는 잘못된 부분을 실증적, 논리적으로 바로잡을 필요가 있다.

6

사람은 쉽게 상상할 수 있는지를 기준으로
일이 일어날 확률을 판단한다

- 휴리스틱 ②

포인트

상대방이 나에게 친밀감을 가지게 만들려면 자주 마주쳐야 한다.

휴리스틱이란 인간이 어떤 판단을 내릴 때, 순서대로 추론하는 것을 생략하고 자신의 경험에 따라 사고의 지름길을 통과하여 빠르게 판단해 버리는 것을 의미한다.

그중에서 대표성 휴리스틱의 예시로, 일용품을 살 때 잘 모르면 성분표와 같은 상품 설명을 확인하기보다는 브랜드명을 보고 결정하기 쉽다는 이야기를 했다.

다음으로는 '가용성 휴리스틱'에 대해 설명하고, 그 대처 방법을 검토해 보겠다.

인간은 특정한 일에 대한 이미지가 머릿속에 잘 떠오르지 않으면 그것이 일어날 확률이나 빈도를 가볍게 보는 경향이 있다. 반대로 머릿속에서 쉽게 이미지가 그려지는 일(쉽게 상상 가능한 일)은 실제로도 자주 일어난다고 생각한다.

간단하게 말하면, 머릿속에서 쉽게 상상할 수 있는 일이 그렇지 않은 일보다 현실에서도 더 많이 일어난다고 판단하는 것이다. 이런 판단 방법을 '가용성 휴리스틱'이라고 부른다.

제1장에서도 설득을 할 때에는 쉽게 상상할 수 있는 이야기를 꺼내면 좋다고 설명했다. 이것이 바로 가용성 휴리스틱을 이용한 방법이다.

복권이 좋은 예가 될 수 있다.

실제로 복권 1억 엔에 당첨될 확률은 1천만 분의 1로 벼락을 맞을 확률보다도 적다.

그런데 TV 광고에서 복권에 당첨되어 들뜬 사람의 모습이 빈번하게 나오면, 우리는 머릿속에서 복권에 당첨되는 장면을 상상하기가 쉬워진다. 그 결과, 많은 사람들이 자기도 당첨될지도 모른다고 생각하게 된다.

이런 이야기를 쓰고 있는 나 역시 복권을 살 때는 '당첨되면 뭘 하지?'라고 생각하면서 이런저런 고민을 한다. 고민이 현실화된 적은 없지만 말이다.

'상상하기 쉽다' ⇨ '현실에서 일어나기 쉽다'라는 사고의 지름길이 만들어진 것이다.

또한 상상하기 쉽다는 것은 그만큼 눈에 자주 띈다는 뜻이기도 하므로, 우리는 좀처럼 볼 수 없는 것보다는 빈번하게 눈에 띄는 것에 호감을 가진다.

왜냐하면 인간은 미지의 세계에 대해서는 무슨 일이 일어날지 예측할 수 없기에 두려움을 느끼게 되지만, 자주 보는 것에 대해서는 경계심도 품지 않게 되고 불쾌감 또한 느껴지지 않기 때문이다.

TV 광고에 지금까지 본 적이 없는 생물체가 등장한다면 왠지 모를 위화감 같은 것을 느끼지 않을까?

예전에 '목도리도마뱀'이 광고에 나와서 크게 히트를 친 것은 '위화감'이 '의외의 느낌'으로 바뀌어서 시청자들에게 강한 인상을 남겼기 때문이다.

반대로 눈에 익숙한 '개'를 모델로 삼은 광고에 대해서는 설사 개를 싫어하는 사람이라 할지라도 위화감까지는 느끼지 않을 것이다.

이것은 인간의 접촉 빈도와 관련된 문제이기도 하다.

우리는 접촉 빈도가 높으면 높을수록 친밀감을 가지게 된다.

접촉 빈도가 높은 사람, 사물, 동물이 더 상상하기 쉽기 때문이다.

미국에서 실시한 한 실험에서 똑같이 매력적인 남성 4명의 사진을 대학생들에게 보여줬다.

사진 속의 남성 4명은 그 사진을 본 학생들과 같은 학과 동기로 A는 수업에 한 번도 나오지 않았고, B는 5번, C는 10번, D는 20번 출석했다.

연구자는 사진을 본 학생들에게 이 4명 가운데 누가 가장 매력적인지를 물었다. 그 결과, 수업에 20번 출석한 D가 가장 매력적이라고 대답한 학생이 압도적으로 많았다고 한다.

이 실험은 수업에 착실하게 출석하는 성실한 학생이 매력적이라는 것을 증명하기 위한 실험이 아니다. 그래서 이런 가치 평가가 들어가지 않도록 실험을 설계했다고 한다.

이 실험을 통해 사람은 적게 만난 사람보다 많이 만난 사람을 더 매력적으로 느끼게 된다는 사실이 증명되었다.

그렇기 때문에 호감이 가는 이성이 있다면 상대와의 만남 횟수를 최대한 늘리는 방법을 추천한다. 당연히 스토커가 되지 않을 정도로 해야 한다는 것은 말할 필요도 없다.

 이걸게 설득에 응용해 보자!

여기까지의 설명을 읽었다면 가용성 휴리스틱에 대한 대책은 어느 정도 예상할 수 있을 것이다.

그렇다. 설득할 상대방과 만날 기회를 가능한 한 많이 늘리는 것이다.

영업사원이 빈번하게 거래처에 얼굴을 비치는 의미도 바로 여기에 있다. 그래서 상사는 부하 영업사원에게 '특별한 용무가 없더라도 상대 쪽 회사에 빈번하게 얼굴을 내밀라'고 지시하는 것이다. 물론 상대에게 폐를 끼칠 정도가 되면 오히려 역효과가 나타나게 되니 주의해야 한다.

타사 직원이 자사에서 상품 설명 프레젠테이션을 할 때에도 평소에 자주 얼굴을 내밀던 직원이 찾아와서 한다면 자사 직원 들도 안심하고 들을 것이다.

예전에 은행에서 영업 업무를 하던 때, 나는 어떤 제안을 한 적이 있다.

나를 포함한 3명의 영업사원의 웃는 얼굴을 스티커로 제작하 여, 다이렉트메일이나 팸플릿 등에 그 지역 담당자의 스티커를 붙이자고 제안한 것이다.

당시의 나는 가용성 휴리스틱과 같은 이론은 몰랐지만, 경험 적으로 접촉 빈도가 많아질수록 고객의 태도가 호의적으로 변 한다는 것을 느낄 수 있었다.

결과는 대성공이었다. 3명 모두 실제로 만나는 것조차 어려

왔던 고객과의 신규 계약을 놀라울 정도로 많이 성사시킬 수 있
었다.

'가용성 휴리스틱' 이론에 따르면
- 인간은 접촉 빈도가 높은 사람에게 친밀감과 호감을 느낀다.
- 인간은 쉽게 상상할 수 있는 사람이나 일에 대해 친밀감과 호
  감을 느낀다.

제2장 상식이나 이성으로는 설명할 수 없는 행동의 원인을 파악한다

7

사람은 최초의 정보를 기준으로 비교·판단한다
- 휴리스틱 ③

포인트

우리 쪽에 유리한 '지점'을 먼저 제시하고, 그 후에 조금씩 양보한다.

마지막 휴리스틱인 '기준점과 조정 휴리스틱'에 대해 설명하겠다. 이것은 최초에 전달받은 정보가 기준점이 되어, 그 정보와 비교하여 판단을 내리는 과정이다.

그렇기 때문에 최초의 정보에 나타나는 특징이 중요시된다.

심리학이나 행동경제학에서 자주 이용되는 '상대성 효과'나 '앵커링 효과'와 비슷하다고 생각하면 이해하기가 쉽다.

조금 더 자세하게 설명해 보겠다.

일단 인간은 절대적 판단보다 상대적 판단(비교하여 내리는 판단)을 하는 경향이 짙다는 전제에서 출발한다.

예를 들어 한 여자가 남자에게 "일반인 기준으로 저는 어느 정도의 미인이죠?"라고 묻는다면, 그 남자는 분명 그 여자를 자신의 직장 동료나 학교 동기 등 자신과 가까운 여자들과 비교할 것이다. 아이돌이나 아나운서는 일반인이 아니기 때문이다.

또한 "가장 키가 큰 삼목나무의 높이는 어느 정도입니까?"라는 질문과 "가장 키가 큰 삼목나무는 40미터보다 큽니까? 작습니까?"라는 질문 중 후자의 질문을 받은 사람은 40미터라는 기준점이 제시되기 때문에, 가장 키가 큰 삼목나무의 높이를 40미터 전후라고 생각할 가능성이 높다.

사실 40미터라는 것은 울트라맨의 신장이다.

더 재미있는 예를 소개하겠다. MIT 슬론 경영대학원에서 있었던 실험이다.

학생들에게 아무런 정보도 주지 않고, 새로 출시되는 와인과 초콜릿의 가격을 예상하게 했다. 단, 바로 직전에 자신의 사회보장번호의 마지막 두 자리를 쓰도록 했다.

결과적으로 마지막 두 자리의 숫자가 큰 사람(99나 88 등)이 매긴 와인과 초콜릿의 가격은 그렇지 않은 사람(12나 23 등)에 비해 60~120% 정도 높았다.

학생들은 자신의 사회보장번호의 마지막 두 자리라는 우연히 쓰게 된 숫자를 무의식중에 기준점으로 사용한 것이다.

 ## 이렇게 설득에 응용해 보자!

그렇다면 이 '기준점과 조정 휴리스틱'에 대한 대책, 또는 이를 이용한 설득 방법을 몇 가지 소개하겠다.

시계를 구입하기 위해 매장 방문을 했다고 상상해 보자.

머리가 좋은 직원이라면 확실히 질이 떨어지는 시계를 맨 먼저 보여주고, 그 다음에 품질이 좋은 시계를 보여줄 것이다.

이렇게 하면 나중에 본 시계가 처음 본 시계와 비교했을 때 확실히 기능적이며 매력적으로 보이기 때문이다.

즉, 직원은 품질이 좋지 않은 시계를 '기준점'으로 고객의 머리에 심어준 것이다.

예산이 허용되는 범위라면 고객은 맨 처음 본 시계에 비해 훨씬 매력적이고 고품질로 보이는 고가의 시계를 기꺼이 구입하려고 할 것이다.

물론 예산을 넘어서는 가격이라면 사지 않을 것이기 때문에, 대부분의 직원은 먼저 예산에 대해 묻는다.

더 재미있는 예가 있다.

저가 상품으로 유명한 가게를 방문하는 사람들은 대부분 '더 저렴한 제품'을 찾는다. 만약 2대의 커피메이커가 진열되어 있다면, 많은 사람들이 더 저렴한 커피메이커를 구입하려 할 것이다.

여기서 이 2대의 커피메이커 가운데 비싼 제품을 구입하게 만들려면 어떻게 해야 될까? 정답은 2대 중 비싼 커피메이커보다 더 비싸고 기능이 많은 커피메이커를 추가하여, 총 3대를 진열하는 것이다. 이렇게 하면 중간 가격의 커피메이커가 가장 잘 팔린다고 한다.

비싼 순서대로 3만 엔, 1만 5천 엔, 8천 엔의 커피메이커가 진열되어 있다고 가정해 보자.

아마도 대부분은 중간 가격인 1만 5천 엔의 커피메이커를 고를 것이다.

하지만 1만 5천 엔과 8천 엔의 커피메이커 2대만 진열되어 있다면, 더 저렴한 8천 엔의 커피메이커를 구입하지 않을까? 어쨌든 저가 상품을 사기 위해서 가는 가게이니까 말이다.

가게 입장에서도 3만 엔짜리 커피메이커는 재고를 소량만 두고, 1만 5천 엔짜리 커피메이커는 품절 되지 않도록 항상 재고를 넉넉히 확보하고 있을 것이다.

이처럼 인간은 상대적인 판단을 하는 경향이 강하고,
기준점이 주어지면 그것을 기준으로 판단하려 한다.

- 고가와 저가의 두 가지 제품밖에 없다면, 저렴한 쪽을 구입하기가 쉽다.
- 여기에 더 고가의 제품을 추가하여 세 종류로 만들면, 중간 가격의 제품을 구입하기가 쉽다.

설득하지 않는 설득의 기술

8

선명하고 현저한 일이
휴리스틱에 영향을 준다

포인트

아주 큰 일이 일어나면 인간은 그 사건을 과대평가한다.
이 평가를 이용하려면 그대로 두고, 마음을 바꾸게 하려면 숫자
를 근거로 제시한다.

지금까지 휴리스틱에 대해 설명해 왔다. 우리는 과거의 경험
등을 바탕삼아 판단으로 가는 지름길을 통과한다.

제2장의 마지막에서는 이 휴리스틱에 강력한 영향을 끼치는
요소에 대해 검토해 볼 것이다.

바로 '선명성'과 '현저성'이다.

선명성은 이미지나 기억을 활성화시켜 기억이 쉽사리 떠오르

도록 만들어주기 때문에, 기억 속에서 특정한 일이나 사건이 더 자주 일어나는 것처럼 느껴진다.

그래서 '선명한' 사건은 실제보다 더 '대표적인' 사건으로 여겨지는 경향이 있다.

예를 들어 미국에서는 살인사건을 아주 대대적으로 보도한다.

처참한 살인사건이 빈번하게 일어나는 미국에서 특히 괴기스러운 살인사건이나 유명인이 관련된 살인사건 등은 연일 TV 등을 통해 보도된다.

그것을 본 미국 사람들은 "우리나라에는 살인사건이 왜 이렇게 많이 일어나지?" 하고 한숨을 쉴 것이다. 그리고 대부분의 사람들은 살인율이 자살률보다 더 높다고 믿을 것이다.

그런데 실제로 조사해 본 결과, 미국에서는 자살률이 살인율의 2배라고 한다.

'현저성'이라는 것은 선명성과 비슷한 개념이지만, 다른 일과 비교해서 더 주목할 만한 일 또는 눈에 띄는 일 등을 가리키는 개념이다.

9·11 테러 직후에는 비행기가 다른 교통수단보다 훨씬 위험하다고 생각하는 사람(특히 미국인)이 많았다고 한다. 실제 사망률을 비교해 보면 비행기보다 자동차가 1마일당 37배 이상 높다는 통계가 나와 있는데도 말이다.

그렇다면 이 선명성과 현저성으로 강화된 휴리스틱에는 어떻게 대처하면 좋을까?

이미 알고 있겠지만, 객관적인 숫자를 제시하면 된다.

자살률이 살인율의 2배라는 사실을 제시하면, 선명성이 있더라도 상대방은 자살이 살인보다 2배 더 많다고 납득할 것이다. 비행기와 자동차를 비교한 예시에서도 1마일당 37배라는 숫자를 제시하면, 아무리 비행기를 무서워하는 사람이라도 비행기에 탑승시키기가 좀 더 쉬워질 것이다.

반대로 휴리스틱을 이용하는 설득 방법 가운데 가장 대표적인 사례는 세상 사람들의 주목을 받는 일과 관련지어서 설득하는 것이다.

아마도 도쿄올림픽이 다가오면, 큰 화면에서 고화질로 볼 수 있는 TV를 팔기가 쉬워질 것이다.

"도쿄올림픽을 큰 화면에서 고화질로 보자!"라는 광고가 여기저기서 튀어나올 것이기 때문에, 가전제품 판매점은 매출을 올릴 절대적인 기회를 얻게 될 것이다.

하지만 냉정하게 생각해 보면, 올림픽과 패럴림픽이 개최되는 기간은 다 합쳐도 한 달 정도밖에 되지 않는다. 그것도 아침부터 밤까지 온종일 TV를 볼 수 있는 사람은 그렇게 많지 않을 것이다.

다른 스포츠도 즐겨 보거나 평소에도 TV를 자주 보는 사람이라면 이해가 되지만, 평소에 TV를 거의 보지 않는 사람이 올림픽을 보기 위해 고가의 TV를 구입한다는 것은 냉정하게 생각하면 합리적이지 않다.

하지만 이와 같은 정확한 정보를 밝히지 않는다면, 평소 TV를 보지 않는 사람들에게도 도쿄올림픽을 관전하기 위한 목적으로 고가의 TV를 구입하도록 설득하기 쉬워질 것이다.

- ◆ '선명성'은 어떤 것을 실제 이상으로 크게 보이게 한다.
- ◆ '현저성'은 다른 것과 비교해서 필요 이상으로 두드러지게 보이게 한다.
- ◆ 이 두 휴리스틱은 객관적인 데이터로 바로잡을 수 있다.

칼럼

▌소소한 잡담의 기술 ②

이전 칼럼에서는 질문을 하면 잡담이 조금 더 쉬워진다는 이야기를 했다. 그런데 여기서 절대로 해서는 안 되는 질문이 있다. 바로 '사적인 질문'이다.

여성에게 나이를 묻는 것이 실례가 된다는 사실은 모두 잘 알고 있을 것이다. 그런데 남자들 중에도 나이 질문을 받는 것을 싫어하는 사람이 있기 때문에 항상 주의해야 한다.

이 이외에도 "아이는 있어요?" "가족은 몇 명이에요?" "부모님은 건강하시죠?" "아내분은 일을 하시나요?"와 같은 질문은 상대가 남자든 여자든 피해야 한다.

생각해 보면 알겠지만 이 세상에는 결혼하지 않은 사람, 아이가 생기지 않아서 고민인 사람, 부모 간병으로 지쳐 있는 사람 등 아주 다양한 사람들이 살고 있다.

이처럼 이런저런 고민거리가 많은 사적인 인적 사항에 대해서는 함부로 질문을 해서는 안 된다. 예외는 뒤에서 설명하겠다.

사는 곳이나 출신지를 묻는 것도 사적인 질문이 아니냐고 생각하는 사람도 있을 것이다. 그런데 나는 이 정도까지는 괜찮다고 생각한다.

왜냐하면 일본에서는 아직 지역에 대한 편견이 거의 없기 때문이다.

상대가 미국인일 경우에는 대답하기 거북한 '빈민가' 출신일 가능성도 있기 때문에 주의가 필요하다.

같은 지역에 살고 있거나 예전에 같은 곳에서 살았다고 하는 공통점이 있다면, 대화의 분위기가 훨씬 부드러워져서 동료의식이 생길 수도 있다. 고향까지 같다면 더욱 그럴 것이다. 이런 장점을 생각하면, 일본인의 경우 사는 지역이나 출신지에 대한 질문은 부정적인 효과보다 긍정적인 효과가 훨씬 큰 것 같다.

하지만 첫 만남에서 형식적인 인사를 나눈 다음 갑자기 위와 같은 질문을 던진다면, 상대방이 당황할지도 모른다.

그렇기 때문에 첫 인사를 나눈 다음 웃는 얼굴로 "오늘 진짜 덥네요" 하고 한 템포 쉬는 것을 추천한다.

이처럼 웃는 얼굴로 일단 한숨을 돌린다면, 적어도 내 경험으로는 상대방도 마음을 놓게 되어 "정말 더워요" 하고 대답해 줄 것이다. 웃는 얼굴로 한 템포 쉬어가면 형식적인 인사 후의 '아이스브레이킹', 즉 어색한 분위기를 누그러뜨리는 시간을 가질 수 있다.

여담이지만, 웃는 얼굴에 대해서는 《주간 여성세븐》이라는 잡지에 다음과 같은 기사가 실린 적이 있다.

취업 면접을 담당하는 면접관은 '외모(첫인상)' 55%, '웃는 얼굴' 38%, '이야기의 내용' 7%로 합격 여부를 판단한다는 것이다(아마도 수치는 메라비언의 법칙과 똑같이 만들었을 것이다. 진위에 대해서는 의문이 남는다).

물론 처음부터 끝까지 웃는 얼굴을 유지하는 것은 역효과가 날 수도 있기 때문에, 웃어야 할 타이밍이 중요하다는 것은 말할 필요도 없다.

사업상의 첫 만남일 경우, 앞서 소개한 것처럼 형식적인 인사를 나눈 다음 웃는 얼굴로 날씨 이야기를 시작하면 일단 실패할 일은 없을 것이다. "내일부터는 조금 시원해진다고 해요"와 같은 날씨 정보로 말을 이어가는 것이 좋다.

그런데 나라면 "올해는 장마가 시작되기도 전에 열사병 사망자가 나왔다고 하더라고요. 아마도 이번이 처음인 것 같아요."라는 식으로 대화를 이어갈 것이다.

그 이유는 '열사병'이라는 좀 더 폭넓은 화제로 넘어가기 위해서이다.

열사병 운을 떼자마자 상대방이 "지난번에 아들 운동회에 갔더니만 너무 더워서 진짜 열사병에 걸릴 것 같더라고요"라고 반응한다면, 다음과 같은 질문이 가능하다.

"아드님 운동회요? 실례지만 아드님 나이가 어떻게 되나요?"

"아직 초등학교 4학년이에요. 달리기 경주에서 운 좋게 1등을 했어요."

여기서는 상대방의 아들의 나이를 묻고 있다. 이 질문은 조금 전에 언급해서는 안 된다고 지적한 '사적인 질문'이다. 결례를 범했다고 생각할 사람이 있을까?

아마도 없을 것이다.

왜냐하면 상대방이 먼저 적극적으로 말한 내용에 관한 '사적인 질문'은 상관이 없기 때문이다. 아니, 경우에 따라서는 더 좋을 수도 있다.

상대방이 적극적으로 사적인 부분에 대해 이야기한다면, 물어주길 바라는 의도가 포함되어 있다고 봐도 무방할 것이다.

'아들이 달리기 경주에서 1등을 한 것'을 상대방에게 자연스럽게 자랑하고 싶었던 것이다. 그렇다면 이 말을 그냥 넘어갈 이유가 없다.

"진짜 대단하네요! 아드님이 운동신경이 좋은가 봐요."라고 말을 이어간다면, 상대방도 기분이 좋아져서 더욱 깊은 속내를 드러낼 것이다.

계속 쓰자면 끝이 없기 때문에, 일단 여기서 포인트를 짚어보면 다음과 같다.

1. 상대방에 대한 사적인 질문은 원칙적으로 하지 않는다.

2. 예외는 상대방이 사적인 부분을 적극적으로 이야기하는 경우.

3. 다음 화제로 넘어가기 쉬운 이야기를 하면 좋다.

4. 질문은 한 템포 쉰 다음 편안한 상태에서 한다.

5. 한 템포 쉴 때는 웃는 얼굴을 보여주는 것이 효과적이다.

6. 상대방이 좋아할 만한 이야기를 한다.

실제로 **검증**된
설득 기술을 사용한다.

+제**3**장

제2장까지는 상대방의 심리를 이해하고, 그에 따라 어떤 환경과 재료를 준비하면 좋을지에 대해 살펴봤다.

또한 성장환경 등의 차이 때문에 결코 메워질 수 없는 틈이 생기거나, 사고의 지름길로 가버리는 습성 때문에 '이해할 수 없다' '불합리하다'라고 누구나가 느끼게 되는 원인에 대해서도 설명했다.

지금까지 소개한 원리·원칙 이외에도 우리가 어떤 사안에 대해 판단할 때 공통적으로 보이는 특징이 있다. 제3장에서 설명할 이 특징의 대부분은 행동과학 분야에서 다양한 실험을 통해 증명된 것이다.

그렇기 때문에 제3장에서 소개하는 설득 방법을 활용한다면, 아주 적은 노력으로도 설득력을 크게 높일 수 있다.

앞으로 제시하는 방법들은 전부 간단하게 실천할 수 있기 때문에, 많은 사람들이 잘 활용하면 좋겠다.

1

사람은 선택지가 지나치게 많으면
결국 어느 것도 선택하지 않는다

포인트

많은 선택지를 나열하는 것은 매우 어리석은 짓이다.
상대방에게 제시하는 선택지는 되도록 3개 정도로 줄이자.

많은 사람들이 '요즘 아이들은 다양한 장난감과 게임 중에서 자신이 원하는 것을 자유롭게 선택할 수 있으므로 행복한 환경에서 살고 있다'고 생각한다.

또 '예전과 비교하면 젊은 여성들이 사회에서 활약할 수 있는 선택지가 늘어나서 행복할 것 같다'고 느끼는 사람도 있을 것이다.

그런데 과연 정말 그럴까?

1970년대에 미국의 행동과학자 쉬나 아이엔가와 사회과학자 마크 레퍼는 다음과 같은 실험을 했다.

동일 제조업체에서 만든 다양한 잼을 맛볼 수 있도록 고급 슈퍼마켓 안에 두 곳의 시식 코너를 마련했다. 한 곳에는 6종류의 잼을, 다른 한 곳에는 24종류의 잼을 준비해 두었다.

결과적으로 어느 코너의 잼이 더 많이 팔렸을까?

결과는 선택지가 많았던 후자의 코너에서는 들르는 사람의 3%밖에 잼을 사지 않은 데 비해 선택지가 적었던 전자의 코너에서는 30%가 잼을 구입했다.

무려 구입률이 10배나 차이가 난 것이다.

이유는 선택지가 지나치게 많으면 소비자가 무엇을 선택해야 할지 결단을 내리기 어려워지기 때문이다. 소비자는 선택이라는 번거로운 일을 피하려다가 상품 전체에 대한 구매 의욕과 관심까지 사라져 버리는 것이다.

또한 선택하지 않은 상품들이 많은 탓에 '더 좋은 선택지가 있지 않았을까?'라고 후회할 것임을 알고 있기 때문에, 처음부터 선택 행위 자체를 피해 버린다.

이와 같은 일이 근대 시민혁명 이후의 유럽에서도 일어났다.

시민혁명으로 과거의 신분제가 폐지되면서 자유로운 선택권을 가지게 된 젊은 층이 도시로 모여들었다. 그런데 '선택의 자유'가 오히려 그들에게 큰 심리적 부담이 되어 '선택에서 도망가는' 상황이 벌어진 것이다.

이전에는 태어날 때부터 출신성분이 이미 결정되어 있었기 때문에 적당한 때가 되면 결혼을 하고, 농민이라면 부모의 뒤를 이어 농사를 지으며 살면 되었다.

자신의 인생을 선택할 수 없다는 불만은 있었지만 주위 사람들도 똑같은 일을 하고 있었고(사회적 증거의 원칙), 그럭저럭 평화롭게 살아가는 데 만족하는 것도 그렇게 나쁘지 않았을 것이다.

이런 상황에서 근대 시민혁명이 일어나, "너는 지금부터 자유이다. 도시로 가서 네가 좋아하는 일을 찾고, 원하는 곳에서 살아라."라는 말을 처음 들었을 때는 굉장히 기뻤을 것이다. 그런데 시간이 지나면서, '나는 이제 뭘 하면 되지?'라는 선택에 대한 스트레스를 느끼게 되었다.

그리고 결국 이 스트레스에 비하면 기존의 농촌 생활이 좋았다는 생각이 들면서, 자유로부터 도망치는 현상이 나타났던 것이다.

'선택'이라는 것은 의외로 굉장히 큰 스트레스를 유발하는 행위이다.

미혼 여성은 조건이 좋은 남성 100명 중에서 결혼할 사람 1명을 선택하는 것과 6명 중에서 1명을 선택하는 것 중 어떤 경우에 더 스트레스를 느낄까?

언뜻 생각하면 100명의 후보가 있는 쪽이 훨씬 좋을 것 같기도 하지만, 1명을 선택한다는 것은 99명을 포기하는 것이 된다.

그래서 많은 사람이 100명 가운데 1명을 선택하는 상황에서 더 스트레스를 느끼게 되는 것이다.

인간은 선택지가 지나치게 많으면 '선택하는 귀찮음' 뿐만 아니라 '다른 것을 선택하지 못했다는 후회'를 느끼게 되고, 큰 스트레스에 시달린다.

그렇기 때문에 만약 당신이 상품 판매원이라면, '두꺼운 카탈로그'를 고객에게 보여주는 것은 오히려 역효과를 낼 위험이 있다. 자신에게 무엇이 필요한지 잘 모르는 고객에게 두꺼운 카탈로그는 일종의 고문이 될지도 모른다.

만약 자신에게 무엇이 필요한지를 모르는 고객이라면 선택지를 많이 제시해서는 안 된다. '선택지를 많이 제시하게 되면 오히려 타사에 고객을 뺏길 위험이 있다'라고 생각해 보는 것도 굉장히 중요하다.

이렇게 설득에 응용해 보자!

이런 상황이 발생하지 않게 하려면 어떻게 해야 될까? 다음과 같은 방법을 생각해 볼 수 있을 것이다.

먼저 고객의 정보를 가능한 한 많이 수집해, 고객이 원하는 것의 범위를 어느 정도 축소해야 한다. 그런 의미에서 잡담은 굉장히 효과적인 무기라 할 수 있다.

범위를 축소한 다음에는 조건별로 '최대 세 가지' 정도의 선택지를 제시한다.

이를테면 "예산이 1천만 엔 정도라면 A 또는 B 또는 C를 추천합니다. 예산이 50만 엔 정도라면 X 또는 Y 또는 Z를 추천합니다."라고 말하는 것이다.

나도 법률상담을 할 때는 선택 가능한 옵션을 항상 세 가지 정도 제시하려고 노력한다. 예를 들자면 "상대방에게 취할 수 있는 수단은 민사조정, 지급명령, 소액소송의 세 가지입니다. 세 가지 방법 전부 변호사에게 의뢰하지 않고도 가능하기 때문에 돈을 절약할 수 있습니다. 각각 장점과 단점을 한마디로 설명하자면……"이라고 말한다.

누군가를 설득하는 상황에서도 많은 선택지를 제시하기보다는 (사정에 따라 다르겠지만) 가능하다면 세 가지, 많아도 여섯 가지 정도로 범위를 좁혀서 말하는 편이 상대방에게서 결단을 이끌어내는 데 도움이 된다.

그렇기 때문에 '선택의 자유'는 큰 의미를 가지지만, 선택지가 지나치게 많으면 오히려 역효과가 난다는 결론을 내릴 수 있다.

행동과학 실험에서

● 슈퍼마켓에서 두 곳에 각각 시식 코너를 마련했다.

• 한 곳에는 6종류의 잼을 두었다.

• 다른 한 곳에는 24종류의 잼을 두었다.

24종류의 잼을 둔 코너에서는 3%밖에 잼을 구입하지 않은 데 비해 6종류의 잼을 둔 코너에서는 30%가 잼을 구입했다.

2

희소할수록
더 가지고 싶어 한다

포인트

정보의 가치를 높이고 싶다면, "누구도 모르는 최신 정보인
데……"라고 미리 말해 둔다.

'희소성의 원칙'에 대해서는 들어본 사람도 많을 것이다.

이것은 손에 넣기 어려운 희소한 것일수록 더 소유하고 싶어
하는 심리 원칙이다.

전형적인 예가 바로 다이아몬드이다. 다이아몬드는 전 세계
적으로 봐도 양이 굉장히 적은 보석이다. 다이아몬드보다 다른
보석이 더 아름답다고 느끼는 사람도 결코 적지 않지만, 아마도
가격은 다이아몬드가 다른 보석보다 비쌀 것이다.

가장 아름다운 보석이라서 그렇다기보다는 희소한 보석이라

는 이유로 다른 보석보다도 가격이 높은 것이다.

나도 개인적으로는 루비나 사파이어처럼 빛깔이 예쁜 보석을 더 좋아하지만, 소중한 사람에게 선물한다면 역시 다이아몬드를 선택할 것이다. 왜냐하면 받는 상대방이 다이아몬드가 비싸다는 사실을 이미 알고 있기 때문에, 그만큼 내 애정도 크다고 생각해 줄 것이기 때문이다.

더 친근한 예를 들자면, 어떤 상품이라도 '희귀한 것'은 고가로 거래된다. 단지 희귀하다는 이유만으로 말이다.

이것은 수요에 비해 공급이 아주 적기 때문에 가격이 상승한다는 경제학의 대원칙으로 설명이 가능하다.

이 '희소성의 원칙'에서 알 수 있는 것은 쉽게 얻을 수 있는 정보보다도 공개되지 않은 정보를 이용하는 쪽이 설득력이 높아진다는 점이다.

애리조나주립대학교의 암람 키니신스키가 쓴 〈쇠고기 소매업자의 구매 결정〉이라는 논문에는 다음과 같은 설명이 나온다.

'날씨의 영향으로 곧 수입 쇠고기를 구하기 어려워진다'는 정보를 알게 된 소매업자는 통상의 2배 이상의 쇠고기를 구입했다. 더 나아가 소매업자에게 '이 정보는 아무도 모른다'라는 사실까지 덧붙이자 구입량은 무려 600%나 증가했다.

이렇게 설득에 응용해 보자!

설득을 할 때, 이 희소성의 원칙은 다음과 같이 응용할 수 있을 것이다.

아주 중요한 정보가 아닌 경우에도 "아직 다른 사람들은 아무도 모르는 정보입니다"라는 말만 미리 해둔다면, 상대방은 눈을 반짝거리며 이야기를 듣게 될 것이다.

또한 설득의 근거로 제시하는 데이터에 관해서도 "방금 들어온 새로운 데이터인데, 정식으로 발표되는 것은 다음 주 이후입니다"라고 덧붙이기만 해도 이 데이터의 가치는 엄청나게 높아진다.

내가 젊은 시절에 은행에서 영업을 할 때는 '내부 문서'라는 빨간 스탬프가 찍힌 '다른 금융상품과의 이율 비교표'를 고객에게 보여주면, 고객의 눈이 반짝반짝 빛났다.

당시에는 이율 비교 광고를 금지 또는 제한하고 있었기 때문에, 고객에게 보여줄 때는 반드시 '내부 문서'라는 스탬프를 보여주고 어디까지나 내부 자료라고 말하라는 지시를 상사에게 받았다.

나는 상사가 의도한 대로 "이건 특별한 고객님에게만 보여드리는 자료인데……"라고 한마디를 덧붙였다.

이 말을 들은 고객한테서 '다른 은행에 가입한 정기예금을 해약할 테니, 다음 주에 다시 방문해 달라'는 반가운 말을 몇 번이나 들었다.

이 이외에도 전 세계에 딱 100병밖에 없는 와인, 유명인의 사인이 들어간 상품, 마지막 일본 공연 등등 희소가치를 부여하는 방법은 아주 다양하다.

그런데 가장 희소성이 있는 것이 반드시 객관적 가치가 높다고는 할 수 없다.

또한 흔하디흔한 물건에 희소가치를 부여하는 것도 가능하다.

'기간 한정' 판매를 하는 것이다.

많은 사람들이 '기간 한정 상품'에 마음이 끌린다. 왜냐하면 그 시기에만 구입할 수 있는 희소한 상품이기 때문이다.

바겐세일이 가장 대표적인 사례이며, 프로모션에도 자주 사용된다.

"창업 30주년을 맞아 이번 달 말까지 30% 할인된 가격으로 판매합니다" "신제품 발매 기념으로 발매 3개월 안에 주문해 주시면 상품의 수량을 20% 더 드립니다"처럼 기간 한정이라는 제한을 두어 '희소성'을 만들어내는 효과적인 방법이다.

사실 나도 기간 한정 판매에는 약한 편이다.

한 명작 TV 드라마 DVD 세트를 12월 말까지만 판매한다는 광고를 보고 망설임 없이 바로 구입한 적이 있다. 하지만 1월 이후에도 버젓이 판매되고 있다는 사실을 알고 충격과 분노를 느꼈다.

역시 '기간 한정'이라는 문구를 붙여 판매하는 이상, 그 말을 지키지 못했을 때 기업이나 개인의 신용은 큰 상처를 입게 된다. 이 부분은 정말 유의해야 한다.

기간 한정 판매 이외에 특정한 장소에서만 구입할 수 있도록 만들어 희소성을 부여할 수도 있다.

지금은 인터넷에서 대부분의 물건을 구입할 수 있는 시대이기 때문에, 이와 같은 판매 방식을 흔하게 볼 수는 없다. 하지만 그러한 만큼 특정 지역의 특정 가게에서만 판매하는 제품은 중요한 상대에게 선물할 때 굉장히 요긴하게 쓸 수 있다.

상대방은 이런 귀중한 것을 자신에게 보내기 위해 쏟은 노력(배려)에 감동할 것이다. 또한 무언가를 받았다는 일종의 마음의 빚이 '보답을 해야겠다'라고 생각하게 만들 것이다(호의의 보답성).

즉, 좀처럼 손에 넣기 힘들고 기회가 쉽게 찾아오지 않는 상황을 만들면 설득력을 한층 높일 수 있다.

기간 한정으로 희소가치를 높이는 방법은 남녀 간의 '밀고 당기기'에도 사용할 수 있다.

여성이 좀처럼 결혼이라는 결단을 내리지 못하고 애매한 태도를 보이는 남자친구에게 "나 최근에 부모님 소개로 선봤어. 당신이 이번 달 말까지 결정하지 않으면 그 사람과 결혼할 거야."라고 선언해서 남자친구를 초조하게 만드는 방법은 드라마에서도 자주 볼 수 있는 고전적인 설득 방법이다.

남자친구의 입장에서는 지금 여기서 당장 청혼을 하지 않으면 여자친구와 결혼할 수 있는 기회를 영원히 잃어버리게 되는 '기간 한정'의 궁지에 몰린 것이기 때문이다.

그 밖에도 고향으로 돌아가거나, 해외로 발령이 난 상황도 기간 한정을 연출할 수 있는 좋은 기회가 된다. 실제로 전근이 많은 전국 규모의 대기업에 근무하는 미혼 남성은 전근을 계기로 결혼하는 경우가 많다고 한다.

여자친구에게 "일주일 후면 근무지를 옮기니까, 그 전까지 답을 주지 않으면 포기할게"라는 말이라도 하는 것일까?

◆ '희소성의 원칙'에 따르면, 사람은 설령 돌멩이라 할지라도 무의식적으로 '희소성이 있다'고 느끼면 소유하고 싶어 한다.

3

사람은 한 번 가지게 된 것은
손에서 놓지 않으려 한다

포인트

소비자에게 일정 기간 상품을 사용하도록 만든다면, 팔린 것이
나 다름없다.
일단은 사용하게 만들자.

"30일 동안 사용해 본 후에 마음에 들지 않는다면 전액 환불
가능합니다"와 같은 광고를 자주 본다.

반품한 제품은 이미 사용한 중고품이기 때문에 새 제품으로
다시 판매하지도 못하는데, 왜 이런 광고를 내는 것일까?

이유는 두 가지이다.

첫 번째는 게임 이론에서 말하는 '시그널링 효과'를 이용하는
것이다.

시그널링 효과는 수많은 제품 가운데 한 제품이 '나는 안심하고 사용할 수 있어요'라는 시그널을 보내는 이미지를 상상해 보면 이해하기 쉽다.

A사와 B사의 소파를 비교할 때, A사의 소파에 '30일 이내의 반품 보증'이라는 문구가 붙어 있다면 고객은 그만큼 A사는 이 소파에 자신 있는 기업이라고 느낄 것이고, 혹시 마음에 안 들더라도 반품하면 된다고 생각할 것이다. 또한 확실히 자신 있는 제품이기 때문에 반품도 많지 않을 것이라고 생각하기 십상이다.

즉 A사의 소파는 '반품 가능' 제품이기 때문에, 확실히 제품에 자신이 있다는 '시그널'을 보내게 되는 것이다.

두 번째는 행동경제학과 심리학에서 자주 등장하는 '소유 효과'를 노리는 것이다.

사람은 한 번 손에 넣은 것은 다시 내놓으려고 하지 않는 경향이 있다. 이것을 '소유 효과'라 부른다.

이 소유 효과에 관해서는 듀크대학교의 댄 애리얼리 교수가 농구 경기 티켓에 대해 실시한 실험이 있다. 이 실험은《상식 밖의 경제학》이라는 책에도 소개되어 있다.

농구 경기 티켓을 가지고 있는 사람들에게 '얼마면 되팔 것인지' 물었을 때 평균 25만 엔 정도라면 팔겠다는 결과가 나온 데 비해, 동일한 티켓을 가지고 있지 않은 사람들에게 '얼마라면 살 것인지' 물었을 때는 평균 1만 8천 엔 정도라는 결과가 나왔다고 한다. 무려 13배 이상의 차이가 생긴 것이다.

이처럼 사람은 한 번 획득한 것에 대해서는 큰 애착을 가지고, 꽤 큰 금액이 아니면 내놓지 않으려는 심리적인 경향을 보인다.

조금 다른 이야기이지만, 이 소유 효과의 대상이 물건인 경우에는 어떻게든 설득해서 손에서 놓게 만들 수 있다.

다음과 비슷한 광고를 본 적이 있을지도 모른다.

자신이 아끼던 자동차를 팔려는 사람이 자동차에 대한 즐거운 추억을 회상하며 망설이게 되면, 업자가 '다음 사람이 분명히 소중하게 탈 것'이라고 회유하면서 설득하는 광고이다. 어떤 오토바이 매입업자는 '사용하지 않고 잠자게 두는 것보다 소중하게 타줄 사람에게 양보하면 오토바이도 기뻐할 것이다'라는 취지의 문구를 광고에 사용한 적도 있다.

그런데 이 소유 효과가 이성을 상대로 나타나면 일이 복잡해진다.

최악의 상황은, 가벼운 마음으로 이성과 교제하게 되었는데 불운하게도 그 이성이 스토커 기질을 가진 경우이다. 상대방이 당신을 '소유'했다고 생각하게 되면 그 집착의 손길에서 벗어나기가 굉장히 어려워지는 것이다.

　조금 수위를 낮춘 예를 들어보겠다. 한 여성에게 남자친구가 있다고 가정해 보자.

　남자친구와 만나다가 권태기에 빠져 이제 슬슬 헤어져야겠다고 생각하고 있을 때, 남자친구와의 관계를 모르는 친구가 "너 그 남자 잘 알지? 부탁인데, 그 남자 좀 소개해 주면 안 돼?"라고 말한다면 순순히 이 부탁을 들어주겠는가?

　남자친구와의 즐거운 추억을 떠올리다 보면, '생각해 보니 꽤 괜찮은 남자네'라는 생각이 들지 않을까? 그리고 그 친구에게 남자친구를 빼앗길 수는 없다고 생각하게 될 것이다.

 이렇게 설득에 응용해 보자!

　먼 길로 돌아서 왔지만, 우리 인간에게는 반드시 이 소유 효과가 나타나기 마련이다.

　앞서 소개한 예를 돌이켜 보자. '30일 동안 사용해 보고 마음에 들지 않으면 반품해도 좋다'는 말을 듣고 A사의 소파를 집으로 들여와서 며칠 정도 사용하다 보면 나도 모르게 그 소파에 익숙해지면서 '내 소파'라는 생각이 들고, 반품할 생각도 사라지게 되는 것이다.

요약해 보면 '반품 가능'이라는 시그널을 인지하고 상품을 구입해서 사용하기 시작하면 '소유 효과'가 발생해서 반품할 생각이 사라지는 것이다.

A사로서는 '구입해 주셔서 감사합니다'가 되어 모든 것이 원만하게 끝난다.

판매자의 입장에서 소비자를 설득하는 경우는 이 반대로 하면 된다.

"이것은 저희 회사에서 가장 자신 있게 추천하는 상품입니다. 한 달이라도 좋으니 사용해 보세요."라고 말해서 일단 집으로 들여놓게 할 수만 있다면, 판매는 거의 성공했다고 할 수 있다.

단, 정말 자신 있는 제품일 경우에만 해당된다.

- ◆ 인간은 '시그널링 효과' 때문에 어떤 시그널을 보내는 상품에 끌린다.
- ◆ 인간은 '소유 효과' 때문에 한 번 손에 넣은 것은 원래보다 더 가치 있는 것으로 느낀다.

4

사람은 자신에 대한 평가에 맞는
행동을 하기 마련이다

포인트

상대방이 친절한 사람이 되길 원한다면, "너는 정말 친절한 사람이다"라고 계속 칭찬한다.

'라벨링(labelling)'이라는 말을 들어본 적이 있는가?

'이 사람은 이런 타입의 사람이다'처럼 사람에게 라벨을 붙인다는 뜻이다.

범죄를 저질러서 한 번 감옥살이를 하게 되면 출소한 후에도 낙인이 찍혀 새롭게 취직할 기회를 잃게 될 가능성이 실제로 높다는 것이 자주 인용되는 사례이다. 이런 특수한 상황이 아니더라도, 우리는 일상생활 속에서 빈번하게 라벨링을 하고 있다.

우리는 흔히 혈액형별로 사람의 성격을 규정하는 습성이 있다.

"저 사람은 A형이니까 꼼꼼한 성격이야"와 같은 말을 자주 들을 수 있다. 하지만 사실 혈액형과 성격은 과학적으로 아무런 관련이 없다고 한다. 실제로 나는 A형이지만, 방을 살펴보면 꼼꼼한 성격과는 거리가 아주 멀다.

그리고 혈액형에 관심을 가지는 나라는 일본이나 한국 등 아주 소수이고, 서양에서는 별자리 운세가 널리 사용된다고 한다. 물론 '저 사람은 전갈자리니까 어쩌고저쩌고……' 하는 것도 역시 라벨링의 일종이다.

 이렇게 설득에 응용해 보자!

그런데 이 라벨링을 설득에서 잘 활용하면 아주 큰 효과를 거둘 수 있다.

영화 〈스타워즈 에피소드 6 - 제다이의 귀환〉을 본 사람은 기억이 날 것이다.

주인공인 루크 스카이워커가 황제에게 죽임을 당할 위기에 처하자 아버지인 다스 베이더를 설득한다. 결국 다스 베이더는 아들의 설득에 황제를 던져버리고 루크를 구한다.

그때 루크는 다스 베이더에게 '아버지의 마음속에 선한 마음이 남아 있다는 사실을 믿는다'고 설득했다.

루크가 다스 베이더에게 '선한 마음을 가지고 있는 아버지'라는 라벨을 붙임으로써 설득에 성공한 것이다.

이처럼 상대방에게 일정한 '특징' '태도' '신념'을 라벨처럼 붙여서 상대방이 그 라벨대로 행동하게 만드는 것을 '라벨링 기법'이라고 부른다.

미국에서 실시된 한 실험에서는 교사가 학생들에게 "모두가 글씨를 예쁘게 쓰려고 노력하는구나"라고 말하자 아무도 지켜보지 않는 상황에서도 학생들이 쉬는 시간 등에 글씨 쓰는 연습을 하는 횟수가 늘어났다.

나도 중학교 2학년 때 사회 선생님의 라벨링 기법에 완전히 넘어가서 선생님의 의도대로 행동한 적이 있다.

그 선생님은 "이 반 학생들은 정말 조용히 자습을 잘하네. 내가 늦게 와도 항상 조용하게 자습하는 모습을 보니까 진짜 감동적이다."라고 말했다.

그때부터 사회 시간이 되면, 평소 쉬는 시간에 교실 안을 뛰어다니던 학생들도 조용히 앉아서 자습을 하게 되었다.

그뿐만이 아니다. 그 선생님은 여기서 결정적인 말 한마디를 더 했다. 수업이 끝나기 5분 전에 교실에 살금살금 들어와서 우리에게 "정말 조용하네"라고 속삭이듯 말한 것이다.

그 이후 사회 수업의 자습 시간은 더 조용해졌고, 선생님은 교무실에서 신문이나 잡지를 여유롭게 읽으면서 수업을 땡땡이치는 일도 가능하게 되었다.

이 라벨링 기법은 비즈니스에서도, 일상생활에서도 쉽게 이용할 수 있다.

거래처 부장에게 자사 제품을 추천할 때, "저와 같은 애송이와는 다르게 경험도 많으시고 이런 종류의 제품에 대해 날카로운 눈을 가지고 계신 사토 부장님이라면 저희 회사의 신제품의 장점을 한 번 보고도 이해하실 거라고 믿습니다"라는 식으로 설득하는 것이다.

설득의 효과가 나타나 자사 제품을 선택해 준다면, 다음과 같은 결정적인 한마디로 확실히 승리를 굳혀야 한다.

"역시 사토 부장님이십니다. 저희 신제품을 선택해 주신 안목은 언제 봐도 대단하십니다. 저희 신제품은 절대 부장님의 판단을 배신하지 않을 것입니다. 안심하셔도 좋습니다."

자신의 선택이 옳았다고 확인해 주는 말을 들은 상대방은 점점 더 자신의 선택을 확신하게 될 것이다.

드라마를 시청하다 보면, 남녀 관계에서도 빈번하게 라벨링 기법이 이용되는 것을 알 수 있다.

"아니야! 일부러 나쁜 남자인 척하는 거지? 난 다 알아. 넌 사실 정말 좋은 사람이잖아."

"이제 슬슬 가면을 벗어. 이미 다 알고 있어. 사실 네가 솔직하고 착한 사람이라는 것 정도는 나도 알고 있어."

아마 모든 사람이 실생활에서 무의식적으로 라벨링 기법을 빈번하게 사용하고 있을 것이다.

"이 일, 좀 도와주면 안 돼? 넌 사무 처리가 빠르니까 빨리 끝낼 수 있을 거야."

"오늘 내 이야기 좀 들어주지 않을래? 믿을 수 있는 사람이 자네밖에 없어."

"이 난국을 헤쳐 나갈 수 있는 사람은 상대방이 전적으로 신뢰하는 과장님뿐입니다. 같이 가주지 않으시겠습니까?"

어떤가?

- 인간은 일정한 '특징' '태도' '신념'이라는 라벨이 붙으면 그 라벨처럼 행동하는 경향이 있다.
- 인간은 타인의 기대에 부응하려는 경향이 강하기 때문에, 타인이 좋은 점을 기대하면 좋은 행동을 보이려고 한다.

5

사람은 '공짜'에는 약하지만 '덤'의 가치는 낮게 본다

포인트

증정품(덤)을 제공할 때는 반드시 증정품 자체의 원래 가격을 표시한다.

불특정한 상대를 대상으로 무언가를 판매할 때 무료 증정품이나 서비스를 제공하기도 한다. 예를 들어 볼펜, 향수 샘플, 파우치 같은 것을 무료로 제공하는 경우는 주변에서도 흔히 볼 수 있다. 대부분의 사람은 무료 증정품이나 서비스가 있으면 괜스레 좋아한다. 그뿐만 아니라 그 자체 때문에 상품을 구입하는 사람도 적지 않다.

슈퍼마켓이나 헬스뷰티 스토어에는 같은 상품인데도 증정품이 있는 것과 없는 것이 따로 진열되어 있는 경우가 가끔 있다.

나는 증정품이 없는 상품을 장바구니에 담았다가도, 증정품이 있는 똑같은 상품을 발견하면 반드시 상품을 바꿔서 넣는다. 증정품이 평소에 사용하지 않는 것이라도 나도 모르게 '덤'이 붙어 있는 상품을 고르게 된다.

이것이 '무료'의 매력이다.

무료의 매력에 대해 본격적으로 쓰기 시작하면 어마어마한 분량이 되기 때문에, 여기서는 무료라는 것이 어떻게 사람들을 끌어당기는지 정도를 소개하는 선에서 끝내려고 한다.

그런데 우리는 '덤의 가치'를 낮게 보는 경향이 있다는 사실을 알고 있는가? 소비자는 제조업체가 무료로 가치가 높은 것을 나눠줄 리가 없다고 생각하거나, 팔다가 남은 상품의 재고를 빨리 처리하려는 목적이라고 생각할 것이다.

이와 관련해서 사회학자 프리야 라구비르는 다음과 같은 실험을 했다.

한 그룹에는 본 상품인 술과 구입 증정품(덤)인 진주 팔찌의 사진이 실려 있는 카탈로그를 보여주고, 이 진주 팔찌를 단독으로 산다면 가격은 얼마 정도라고 생각하는지를 물었다.

다른 그룹에는 단독 상품으로 그와 똑같은 진주 팔찌가 실린 카탈로그를 보여주면서, 가격이 얼마 정도라고 생각하는지를 물었다.

결과적으로 사람들은 카탈로그에 단독 상품으로 실린 진주 팔찌에 비해 증정품(덤)으로 따라오는 진주 팔찌를 약 35%나 낮은 가격으로 본다는 사실을 알 수 있었다.

이처럼 무료 증정품은 판매 촉진의 효과가 있을지 모르겠지만, 현실적으로 파는 쪽이 생각하는 만큼의 가치를 사는 쪽에서 느끼지 못한다.

그럼 어떻게 하면 증정품이나 덤의 효과를 더 효과적으로 어필하여, 고객을 구입이라는 의사결정으로 이끌 수 있을까?

답은 간단하다. 무료 증정품이나 서비스의 가격을 명시하면 된다.

예를 들어 소프트웨어를 판매할 때는 '무료로 보안 프로그램을 제공합니다'가 아니라 '1만 엔 상당의 보안 프로그램을 특전으로 제공합니다'라고 표시하는 것이다.

하지만 그렇다고 해서 절대로 허위 정보를 제공해서는 안 된다. 5천 엔 정도의 보안 프로그램을 '1만 엔 상당'이라고 표기한다면 언젠가는 그 사실이 드러날 것이고, 그에 따라 잃게 될 신용도 예측할 수 없을 만큼 클 것이다.

무료 증정품의 금액을 표시하는 것이 어려울 경우에는 비교적 금액을 예측하기 쉬운 증정품을 제공하면 된다.

여성잡지는 작은 파우치 같은 것을 부록으로 자주 제공한다.

유명 브랜드 제품과 비슷하게 만든 세련된 부록이 많은 것 같다. 부록의 가격은 물론 따로 표시되어 있지 않지만, 잡지 광고를 본 사람들은 분명히 머릿속으로 '이 파우치를 따로 구입하려면 2천 엔 정도는 하겠지?'라고 생각할 것이다. 그리고 이 부록을 목적으로 잡지를 사러 달려갈 것이다.

- 사람은 공짜를 좋아한다.
- 하지만 공짜로 받은 덤의 가치는 낮게 보는 경향이 있다.
- 덤의 가치가 표시되어 있으면, 물건을 잘 구입했다는 생각을 하게 된다.

6

사람은 대처법 없이 공포심만 부추기면
그 정보를 차단한다

포인트

부정적인 내용을 보고할 때는 반드시 대처 방법을 같이 제시한다.

설득을 하다 보면 일부러 공포심을 부추겨야 할 때가 있다.

예방주사를 맞도록 설득해야 하는 경우, 예방주사를 맞지 않아 질병에 걸린다면 '이런 심각한 상태가 된다'라는 것을 사진으로 보여주는 것이 대표적인 예이다.

비즈니스에서도 어떤 좋지 않은 상태를 방치하면 수천만 엔의 손해가 발생할 것이 명백한 경우에는 가능한 한 구체적인 손실액을 제시해야 한다.

'최악의 경우 이렇게 됩니다'라는 표현은 다양한 상황 속에서 사용된다.

1960년대에 하워드 레벤탈이 학생들을 대상으로 한 오래된 실험이 있다(Journal of Personality and Social Psychology, 1965). 이해하기 쉽도록 내 나름대로 간략하게 요약해서 소개하겠다.

A그룹의 학생들에게는 '파상풍 감염의 결과를 보여주는 무서운 이미지가 들어간 팸플릿'을 배부했다. B그룹의 학생들에게는 '파상풍 감염의 결과를 보여주는 무서운 이미지가 들어간 팸플릿과 구체적으로 예방주사 맞는 법을 설명하는 팸플릿'을 배부했다.

그 결과, 실제로 예방주사를 맞으러 온 사람은 전부 B그룹의 학생이었다.

인간은 두려운 정보를 알게 되면 그 정보를 차단하거나 부인하게 된다. 인간의 뇌가 공포심을 부추기는 정보를 자동적으로 차단하여 심신을 안정시키려고 하는 것이다.

그렇기 때문에 A그룹의 학생들처럼 '공포스러운 정보'만 제공받은 경우는 그 정보를 차단해 버리고 대책을 생각하지 않게 된다. 그냥 바로 얼어버리는 것처럼 말이다.

그런데 B그룹의 학생들처럼 '공포심'을 제거할 수 있는 구체적인 방법을 명확하게 전달받은 경우에는 그대로 얼어버리는 것이 아니라, 그 방법을 실행하려고 한다.

이처럼 인간은 공포심을 가지는 것만으로는 바짝 얼어버려서 행동을 하지 않는다. 그렇기 때문에 그 전에 먼저 구체적인 대처 방법을 제공함으로써 그 방법을 실행하게 만들어야 한다.

 ### 이렇게 설득에 응용해 보자!

예를 들어 자신의 회사에서 진행 중인 대규모 프로젝트에 중대한 결함이 있다는 사실을 발견했다고 생각해 보자.

이런 경우는 큰일이 발생하기 전에 회사가 어떻게 대응해야 할지 구체적인 방안을 최소한 하나 정도는 준비해서 경영진에게 보고해야 한다.

사태를 먼저 보고하고 나서 대응책을 강구하려고 한다면, 대응책이 마련되기도 전에 경영진은 공포심을 부추기는 정보를 무의식적으로 차단하여, '우리는 괜찮을 것이다'라고 막연히 생각하고 대응책을 귀담아듣지 않을 위험이 있기 때문이다.

이 세상에는 사람들을 두렵게 만드는 정보가 넘쳐난다. 만약 당신이 친절한 마음으로 회사 동료에게 공포심을 부추기는 정보, 예를 들면 동료의 담당 거래처 사장이 엄청나게 화가 났다는 정보를 알려주려면, 구체적인 대책도 함께 제시하도록 하자.

"엄청 화를 냈다고는 하는데, 오늘 중으로 상사와 함께 찾아가서 사과하면 괜찮을 거야"라는 조언을 잊어버려서는 안 된다.

만약 이런 대책을 함께 제시하지 않는다면, 동료는 '화가 났다고는 해도 며칠 지나면 화가 누그러질 거야'라고 되뇌면서, 두려운 정보를 차단하고 아무런 대책을 세우지 않을 수도 있기 때문이다.

- 인간은 공포심을 불러일으키는 정보는 무의식적으로 차단해 버린다.
- 공포심을 불러일으키는 정보를 대처법과 함께 제시하지 않으면 상대방의 사고가 정지해 버린다.

7

결점을 보여주고
신뢰를 얻는다

포인트

신뢰도를 높이려면, 상품이나 서비스의 장점을 설명하기 전에
작은 결점을 미리 말한다.

상대방의 신뢰를 얻기 위해서 일부러 '결점'을 보여주고 상대
방을 설득하는 경우가 있다.

이 세상에 완전한 것은 없다. 물건이나 인간이나 모두 약간의
결점은 있기 마련이다.

예전에 소스 광고 중에 다음과 같은 것이 있었다.

"○○소스! 가격은 조금 비싸지만 진짜 맛있습니다."

나는 이때 이 TV 광고를 보고, 꼭 이 소스를 사야겠다고 생각
했다.

가격이 비싸다는 것은 분명히 '결점'이 된다. 하지만 고작 얼마 되지 않는 소스의 가격 차이가 큰 문제는 되지 않는다. 그보다는 맛있는 요리를 먹을 수 있다는 만족감 쪽이 훨씬 큰 장점으로 남기 때문이다.

그렇다면 왜 결점을 보여주는 쪽이 더 설득력이 높아지는 것일까?

그것은 결점을 스스로 보여주는 쪽이 상대방에게 더 정직하고 성실하다는 인상을 주기 때문이다. 사실 많은 경우가 그렇다.

미국에서 실시된 한 조사에 따르면 경력자 채용에서는 이력서에 자신의 장점만 늘어놓은 응시자보다는 먼저 단점이나 약간 부족한 부분을 밝힌 다음 장점을 쓴 응시자가 다음 단계, 즉 면접을 보게 될 확률이 높았다고 한다.

 이걸게 설득에 응용해 보자!

혹시 중고차를 구입해 본 적이 있는가?

은행에 근무하면서 기숙사 생활을 하던 시절, 나를 비롯한 자동차 소유자는 전원 중고차를 타고 있었다. 새 차를 살 만한 금전적인 여유가 없었기 때문이다.

이미 알고 있을지도 모르지만, 중고차 구입에는 '성공과 실패'

가 존재한다. 그렇기 때문에 기숙사 동료가 중고차를 사러 간다고 하면, 몇 명이 같이 가서 꼼꼼하게 확인을 하곤 했다.

하지만 모두가 전문가는 아니었기에 기껏해야 판매원에게 복수의 사람이 체크하고 있다는 부담감 정도만 주는 효과뿐이었을 것이다. 그렇지만 혼자 가는 것보다 여럿이 가는 편이 낫다는 것쯤은 두말할 나위도 없다.

한 동료가 중고차를 구입하러 갔을 때의 일이다. 이때 판매원은 "이 차는 트렁크를 열고 닫을 때 힘이 조금 더 들지만, 다른 곳은 제가 봤을 때 특별히 문제가 없습니다. 그동안의 주행 거리도 얼마 안 됩니다."라고 말했다.

우리는 돌아가며 트렁크를 열고 닫아봤다. 그리고 "뭐, 같이 사는 사람이 힘이 약하면 바꿔야 할지도 모르겠지만, 넌 아직 결혼 계획도 없으니 괜찮지 않을까?" 하면서 안심하고 그 중고차를 구입했다.

이때 만약 판매원이 먼저 그 중고차의 단점을 솔직하게 말하지 않았더라면 우리는 새 자동차를 체크하듯이 꼼꼼히 확인하면서 단점을 지적하고, 결국 그 중고차를 사지 않았을지도 모를 일이다.

이처럼 맨 먼저 '결점'을 제시함으로써 그 다음의 말의 신뢰감을 높이는 것은 굉장히 효과적인 설득 방법이다.

다만, 그 다음에 제시하는 '장점'은 상대방이 바라는 바에 부합해야 한다. 예를 들면 기계구입 비용이 타사 상품보다 조금 비싼 경우는 다음과 같이 비용 면에서의 결점을 제시한 다음, 효율성에서 그것을 뛰어넘는 장점이 있다고 설득해야 한다.

"저희 회사 제품은 타사 제품보다 10% 정도 가격이 높긴 하지만, 이러한 기능이 있기 때문에 하루 처리량이 타사 제품의 2배나 됩니다. 취급량이 많은 귀사의 업무 효율화에 크게 기여할 것으로 예상됩니다."와 같이 상대방의 요구에 부합할 만한 큰 장점이 있다고 설명하면 된다.

"저희 회사 제품은 타사 제품보다 10% 정도 더 비싸지만, 소형이기 때문에 공간을 크게 차지하지 않습니다"라고 설명해도, 충분한 공간을 확보하고 있는 회사라면 아무런 의미도 없다.

공간이 협소하여 소형 제품을 찾고 있는 회사라면, 저렴하긴 하지만 크기가 큰 타사 제품은 선택지에서 처음부터 제외했을 것이기 때문이다.

- 완벽하다는 주장을 들으면, 거짓말 같다고 느끼게 마련이다.
- 스스로 결점을 밝혀 오면, 솔직하다고 생각하는 것이 인간의 심리이다.

8

사람은 스토리에
마음이 움직인다

포인트

스토리의 위력은 파괴적이다.
파워포인트를 버리고 스토리를 활용하자.

스토리텔링(storytelling)이라는 용어를 들어본 적이 있을 것
이다.

말 그대로 이야기를 한다는 뜻이다.

수년 전부터 미국에서는 프레젠테이션에서 파워포인트를 버
리고 스토리를 사용하기 시작했다.

스토리텔링을 배우기 위해 저명한 시나리오 작가 로버트 맥
키의 이야기에 귀를 기울이는 사업가와 직장인들이 급격하게
늘어났다. 그 결과, 로버트 맥키는 영화계보다 비즈니스계에서

더 유명해져, 다수의 대기업에 강사로 초빙되어 스토리텔링에 대한 강의를 하게 되었다고 한다. 나 역시 그의 이론을 많이 참조했다.

기존의 비즈니스계에서는 파워포인트를 사용한 프레젠테이션 방법이 일반적이었다. 수치나 사실을 제시하고, 상대방의 의견을 반영하면서 진행하는 '지적인 프로세스'이다.

하지만 이 방법에는 두 가지 문제가 있다.

첫 번째는 상대방도 독자적인 지식과 데이터, 그리고 경험을 가지고 있기 때문에 설득하는 순간에도 머릿속에서 자신이 아는 것을 바탕으로 반론할 준비를 한다는 점이다.

두 번째는 만약 설득에 성공한다고 해도, 이성적으로 설득되는 수준에서 멈추기 때문에 그 정도로는 불충분하다는 점이다. 왜냐하면 사람은 이성만으로 행동한다고 단정할 수 없기 때문이다.

사람을 설득하는 다른 방법으로, 최종적으로 봤을 때 훨씬 강력한 설득 방법은 상대방의 감정에 호소하여 그 사람을 움직이게 하는 것이다.

여기서 스토리텔링이 등장한다. 감정에 호소하여 사람을 움직이게 하는 가장 좋은 방법은 사람의 마음이 움직일 수 있는 스토리를 들려주는 것이다.

스토리는 대량의 정보를 전달할 뿐만 아니라, 상대방에게 감정과 활력을 불러일으킨다. 마음이 움직이면서 감정이 흔들린 상대방은 이성적인 판단을 하지 않고 감정을 이입한다.

하지만 이렇게 말로 하기는 쉬워도, 효과적으로 스토리텔링을 하는 것은 그리 간단하지 않다.
스토리텔링에서 빈번하게 인용되는 돈 캠벨의 '스토리의 흐름'은 대략 다음과 같다.

1. 일상 (주인공은 일상생활을 하면서 무언가에 불만을 느낀다)
2. 분리 (어떤 사건이 일어나 주인공이 일상으로부터 분리된다)
3. 패배 (최초의 패배를 맛본다)
4. 시련 (훈련 등을 통해 결점을 극복한 주인공이 적에게 도전한다)
5. 승리 (시련을 이겨내고 승리를 손에 얻는다)
6. 귀환 (성장한 주인공이 일상으로 돌아온다)

〈스타워즈〉의 루크 스카이워커가 제다이의 기사가 되어가는 스토리와 비슷하다.

듣는 이는 수많은 어려움을 겪으면서 '이제 여기서 끝이다'라는 최악의 상황에까지 몰린 스토리의 주인공에게 감정을 이입한다. 마음속에서 '힘을 내라!'고 소리치는 것이다. 이런 어려움

을 극복하고 마지막에 결국 승리를 쟁취하여 돌아오는 주인공
에 대해, 듣는 이는 이성적인 판단을 하지 않고 칭찬하면서 만
족감을 느낀다.

아주 간략하게 설명했지만, 이것이 스토리텔링의 가장 큰 효
과이다.

듣는 이가 주인공에게 감정을 이입함으로써 말하는 이에게
동화되면, 이성을 뛰어넘은 감정적인 측면에서 만족감을 얻게
되는 것이다.

그리고 뛰어난 스토리는 듣는 이의 관계자나 동료에게도 전
해진다. 조직 내 프레젠테이션에서 뛰어난 스토리를 소개한 결
과, 눈 깜짝할 사이에 조직 전체에 그 영향력이 미친 사례가 실
제로 세계은행에서 있었다.

이제까지 스토리텔링의 효과에 대해 설명해 왔다.

그럼 구체적으로 어떻게 하면 스토리를 프레젠테이션에 잘
녹아들게 할 수 있을까?

스토리텔링을 잘 활용한 프레젠테이션은 다음과 같은 요소들
을 포함해야 한다.

1. 청중이 공통적으로 공감할 수 있는 구체적 사실이 필요하다.

'일본의 아이들은 6명 가운데 1명이 빈곤에 시달리고 있다'라는 추상적인 표현이 아니라,

"여러분의 아이나 손자·손녀에게도 학교 친구들이 있죠? 여러분이 얼굴을 알고 있는 친구도 있을 것입니다. 한 반의 학생이 42명이라고 하면, 그중 7명 정도가 만족스럽게 식사를 하지 못하고 있습니다."라고 가능한 한 청중이 이미지를 쉽게 떠올릴 수 있게끔 구체적인 이야기를 해야 한다.

2. 슬픈 경험도 솔직하게 털어놓는다.

"교통사고 사망자 수는 ○○명입니다"라고 말하기보다는 "겨우 걸음마를 뗀, 눈에 넣어도 아프지 않을 손자가 후방을 제대로 확인하지 않은 트럭에 치여서……"라고 말하는 편이 청중에게는 더 깊이 와 닿을 것이다.

또한 "암 환자의 연명률을 ○% 올렸습니다"보다는 "여러분의 가족이나 친구 가운데 암으로 세상을 떠난 분도 계실 것입니다. 이 약만 실용화되었더라면 지금도 웃는 얼굴로 마주 볼 수 있었겠죠."라고 말하는 편이 청중의 마음을 뒤흔들 것이다.

물론 거짓말은 논외의 문제이다.

---

3. 약점을 내보인다.

이 방법은 공격적인 프레젠테이션을 생각하고 있다면 주저할지도 모르겠다. 그런데 완벽한 내용만큼 실제로 거짓말 같아 보이는 것도 없다.

"사실은 이 제품을 개발하면서 7번이나 실패했고, 어쩔 수 없이 사양 변경도 해야 했습니다. 개발을 포기한 적도 몇 번이나 있었죠."라며 인간적인 '약함'을 드러내는 것이 이야기의 내용에 더 진실성을 더할 것이다.

프레젠테이션이나 강연의 목적에 따라 다르겠지만, 이 세 가지 요소 가운데 한 가지나 두 가지라도 적용할 수 있다면, 객관적이고 논리적인 설명보다 훨씬 청중의 마음에 가까이 다가가 청중이 감정을 이입할 수 있도록 만들 것이다.

 이렇게 설득에 응용해 보자!

그러면 비즈니스나 설득에서는 어떻게 응용해 볼 수 있을까?

프레젠테이션에서는 앞의 세 가지 요소를 잘 적용하고 서장에서 설명한 프레젠테이션 스타일을 구사하여 열변을 토하면, 수치나 데이터만 제시하는 프레젠테이션보다 듣는 이의 감정을 움직이는 데 유리할 것이다.

그리고 자신이 취급하는 상품이나 서비스에 스토리를 부여하는 방법도 있다.

가장 이야기적 요소가 없을 것 같은 가전제품에 대해서도 고객은 무의식적으로 스토리를 그리고 있을 것이다.

예를 들어 소리가 나지 않는 조용한 에어컨을 찾는 사람의 머릿속에는 '바쁜 하루하루, 아침까지 숙면을 취하고 싶다' '태어난 지 얼마 되지 않은 아기에게도 쾌적한 공간이 필요하다'와 같은 이미지가 있을 것이다.

더러운 옷도 확실히 깨끗하게 만들어주는 세탁기를 찾는 사람의 머릿속에는 '깨끗한 유니폼을 입고 활기 넘치는 아들의 웃는 얼굴'이 그려져 있을지도 모른다.

그런데도 스토리 없이 장사를 하는 사람들이 너무 많은 것을 보면 개인적으로는 안타깝다는 생각이 든다.

특히 음식점의 메뉴는 '스토리의 보고(寶庫)'임에도 불구하고 전혀 스토리를 언급하지 않는 경우가 정말 많다.

예를 들어 일반적인 닭꼬치에도 '닭고기에 특별한 애정을 가지고 있는 주인이 직접 엄선한 재료를 하나하나 정성 들여 양념에 재워뒀다가 참숯으로 시간을 들여 구운, 주인 추천 닭꼬치'라는 식으로 스토리를 부여하면 그 이미지가 고객의 머릿속에 떠오를 것이다. 또는 '오늘 아침 수산시장에서 갓 들여온, 아주 품질 좋은 오징어로 싱싱한 상태에서 바로 회를 뜬 오징어회'처럼 스토리는 얼마든지 만들어낼 수 있다.

서비스도 마찬가지이다. "신사 숙녀들에게 서비스를 제공하는 신사 숙녀들"이라는 리츠칼튼의 유명한 모토가 기억이 난다.

리츠칼튼까지 가지 않더라도, '업계 경험 10년의 풍부한 지식과 경험을 바탕으로 한, 일류를 위한 일류의 서비스' 정도의 스토리도 괜찮지 않은가?

◆ 사람이 행동을 하는 것은 감정이 작용하기 때문이다.
이 감정을 움직이는 것은 듣는 이의 마음을 사로잡는 스토리이다.

9

'타협점'을 찾으면
설득의 80%는 성공한 것이다

포인트

상대방이 원하는 이점을 찾아서 제안에 반영한다.

'타협점'은 서로 대립하는 당사자들 쌍방이 납득하여 받아들일 수 있는 지점이다. 변호사도 '이 소송을 화해로 해결해야 할 경우 타협점은 어디지?'를 생각하고, 판사도 (판결문을 쓰지 않고 사건을 해결할 수 있는 화해를 좋아하기 때문에) 언제나 쌍방을 화해로 납득시킬 '타협점'을 찾는다.

이때 꼭 유의해야 할 점은 쌍방이 납득할 수 있는 이점을 제시하지 못하면 절대 타협점을 찾을 수 없다는 점이다.

타협점을 생각하지 않는(또는 가정하지 않는) 변호사를 상대하게 되면, 시간과 노력을 소모하면서도 아무런 진전이 없는 싸움만 이어가는 경우가 자주 발생한다. 반대로 타협점을 유연하게 생각하는 변호사가 상대라면, 소송으로 가기 전에 화해가 성립되어 당사자들도 만족해한다.

바꿔 말하면 타협점이 보이지 않는 변호사는 상대의 이점에 대한 배려가 부족한 것이고, 타협점을 유연하게 고려하는 변호사는 자신의 의뢰인이 양보 가능한 상대방의 이점을 찾아내려고 노력한다. 상대방에게 이점이 되는 부분을 양보함으로써, 자신의 의뢰인에게 이점이 되는 부분을 상대방한테 양보해 달라고 요구하는 것이다.

설득을 하는 상황에서도 마찬가지이다. 아무리 설득하는 사람이 상대방의 신뢰를 얻었다 하더라도, 상대방으로서는 자신이 납득할 만한 이점이 없다면 설득되지 않을 것이다.

왜냐하면 설득하는 사람의 의견을 받아들여 그 제안을 행동으로 옮기면, 정도의 차이는 있겠지만 어느 정도의 위험을 감수해야 하기 때문이다. 이 위험을 감수할 만한 이점이 없다면, 상대가 누구든 절대 행동으로 옮기지 않을 것이다.

설득 과정에서 타협점을 찾는 것은
상대방을 설득할 이점을 찾아서 제시하는 것과 같다.

그렇다면 상대방을 설득할 수 있는 이점에는 어떤 것들이 있을까?

"이 신형 기계를 도입하면 연간 500만 엔의 경비를 절약할 수 있어요"와 같은 금전적인 이점이 가장 알기 쉬운 예라고 할 수 있다.

경쟁사와의 가격 또는 효과를 비교할 때에도 역시 금전적인 이점을 제시하는 것이 바람직하다.

"이 옷, 정말 잘 어울리세요. 이 옷을 입고 파티에 가면 멋진 남성을 만날 수 있을지도 몰라요."는 굳이 정의를 하자면 심리적인 이점이다.

"저희 은행과 거래를 하시면, 외람되지만 귀사의 대외적인 신용도 좋아질 것입니다"라는 은행원의 세일즈 토크도 대외적인 신용 향상이라는 이점을 제시하는 것이다.

이처럼 이점은 금전적인 것에 국한되지 않는다. 경제학 용어인 '효용'(쉽게 말하자면 만족도)만 높아진다면, 이점이 있다고 할 수 있다.

체면을 세울 수 있다는 것도 의외로 큰 이점이 된다.

그러면 어떤 각도에서 생각해 봐도 상대방이 얻을 수 있는 이점을 찾을 수 없는 경우에는 어떻게 해야 할까?

이 경우는 깨끗하게 포기해야 한다.

자신에게 아무런 이점이 없는데도 설득에 응할 상대방은 없기 때문이다.

내가 은행원으로 근무하면서 영업을 할 때 겪었던 일이다.

"반년 후에 집 고칠 때 쓰려고 퇴직금을 갖고 있는데, 혹시 반년만 투자해도 이자가 많이 붙는 상품은 없을까요?"라고 고객이 질문을 해왔다.

안타깝게도 당시의 장기신용은행에는 반년 운용으로 이자가 많이 붙는 상품이 없었기 때문에, 나는 다음과 같이 대답했다.

"죄송합니다만, 6개월이라면 증권회사가 취급하는 중기 국채 펀드에 가입하는 것이 좋을 것 같습니다. 괜찮으시면 제가 잘 아는 증권회사 직원을 소개해 드릴까요?"

이 사실을 당시의 상사에게 보고했다가, 그 상사에게 엄청난 꾸지람을 들었다.

하지만 나는 정직하게 대답함으로써 고객의 신뢰도 저버리지 않았고, 그 고객을 통한 입소문 효과도 누릴 수 있었다. 이 두 가지를 고려하면 내가 한 행동이 옳았다고 생각한다. 실제로도 그 후에 그 고객에게 소개를 받은 몇몇 신규 고객과 새롭게 거래를 시작할 수 있었다.

상대방에게 전혀 이점이 없는데도 억지로 밀어붙이면, 그나마 쌓아 올린 신뢰까지 잃을 수 있다. 그럴 때는 용기 있는 후퇴가 필요하다.

- 설득의 '타협점'은 상대방이 납득할 만한 이점을 제시하는 데 있다.
- 사람은 자신이 원하는 바를 충족시킬 만한 이점이 있는 제안에 관심을 보인다.

10

상대방의 불안을 해소할
논거를 제시한다

포인트

상대방에게 경험이 없는 일을 시도하도록 만들려면, 다른 사람의 성공 사례를 구체적으로 제시한다.

'타협점(상대의 이점)'을 제시할 수 있다면 설득은 거의 성공한 것이나 다름없지만, 확실히 하려면 이에 대한 '논거'를 제시하는 것도 매우 중요하다.

논거가 명확하지 않으면, "우리에게 이점이 있다는 점은 충분히 이해했습니다. 그런데 그 결론에 이르게 된 논거는 뭐죠?"라며 그곳에 멈춰 서서 앞으로 나아가지 않는 사람이 있기 때문이다.

대부분의 경우에 새로운 기획을 통과시키려 하거나, 지금까지 해본 적이 없는 일을 해보자고 제안할 때 설득이 필요하다.

당연한 말이지만, 상대방으로서는 전례가 없는 일에 대해서는 불안감을 느끼게 마련이다.

그 불안의 원인이 인간의 '안전 욕구'에서 비롯된 '보수성' 탓이라는 것은 앞에서 설명했다. 이 불안을 불식시키는 것이 바로 '논거'이다.

 이렇게 설득에 응용해 보자!

설득의 달인은 자신의 의견이 현실적인 해결책이나 제안이라는 평가를 받기 위해, 수치 데이터(상대방의 신뢰를 얻기 위한 하나의 도구)를 보완하는 실화나 비유를 사용한다.

이때 실화는 타사(꼭 동일 업종일 필요는 없다)가 자신이 제안하는 내용을 채택해서 큰 성과를 올렸다는 내용일 것이다.

예를 들어 당신이 '복수의 영업 담당자를 한 그룹으로 묶어 그 그룹의 총 실적도 각 영업 담당자의 인사평가 대상으로 삼자'라고 제안했다고 해보자.

이때 '모 보험회사가 영업 담당자를 몇 명씩 그룹으로 묶어 그룹의 구성원끼리 (정신적인 면도 포함하여) 서로 돕는 시스템을 채택한 결과 그룹 전체의 실적은 물론, 영업 담당자 개개인의 영업 실적도 향상되었다'라는 '현실에서 있었던 사례'를 함께 제시하는 것이다.

실적 향상의 이유로는 그룹 전체의 성과를 올리기 위해, 한 사람이 실적 부진으로 고민하고 있을 때 다른 멤버가 정신적으로 도와주거나 효과적인 접근 방식을 가르쳐주는 등, 서로 협력했다는 점을 들 수 있다.

이처럼 자신이 소속된 조직에 다수의 영업 담당자가 있다면, 위의 보험회사의 예는 '실화'로서 충분한 논거가 될 수 있을 것이다.

즉, 다른 조직의 성공 사례를 제시한다면 그 제안은 굉장한 설득력을 가지게 된다.

실화의 또 다른 예를 들어보자.

"이 상품을 지속적으로 사용하고 있는 어느 고객의 말씀을 들어보니, 이 상품에만 있는 특수한 기능이 굉장히 편리하게 느껴져서 새로운 버전이 나올 때마다 계속 구입하고 계십답니다"라는 식으로 매장 직원이 이야기하는 경우이다. 이것도 '한 고객이 느낀 편리성'이라는 실화를 논거로 들어, 특수 기능의 편리성을 어필하는 것이다.

그렇다면 또 다른 논거가 되는 '비유'는 어떻게 사용하면 될까?

　민사재판의 구두변론(실제로는 준비서면으로 제출한다)에서 "피고의 행위는 '은혜를 원수로 갚는다'라고 말해도 과언이 아닐 정도로 굉장한 배신적 행위이고……"라고 말할 수도 있을 것이고, 형사사건에서 정상 참작을 위해 "죄는 미워하되 사람은 미워하지 말라'라는 말이 있습니다. 굶어 죽기 직전에 소량의 음식을 훔친 피고인의 행위는 부정할 수 없는 범죄이기는 하지만……"이라는 변론을 할 수도 있을 것이다.

　비즈니스라면 "이 선행투자는 '새우로 잉어를 잡는 격'으로서 비용을 훨씬 웃도는 수익을 기대할 수 있습니다"라는 표현이 가능할 것이다.

- 인간은 원래 보수적이어서 새로운 것을 싫어한다.
- 불안감을 없애기 위해 '논거'를 제시할 때는 남들의 실제 성공 사례(전례) 또는 비유 등의 스토리텔링이 대단히 유효하다.

11

상대방의
이름을 부른다

포인트

설득이나 협상을 원활하게 진행하기 위해서는, 상대방의 이름을 부르면 훨씬 효과적이다.

이름은 타인이 상상하는 것 이상으로 당사자에게는 아주 중요한 의미를 지닌다.

내가 은행원이던 시절 다카마쓰 지점에서 시부야 지점의 법인영업으로 근무지를 옮기게 되었을 때, 다카마쓰 지점장이 나를 지점장실로 직접 불러 격려해 줬다. 그때 지점장이 한 말 중에서 아직까지 잊을 수 없는 말이 있다.

그것은 그쪽 거래처 사람들이 모두 나보다 나이가 많으니, 상대방의 이름을 정확하게 불러주면 분명 그쪽에서도 더 신경을 써줄 것이라는 조언이었다.

그때는 왜 상대방의 이름을 부르면 나에게 더 신경을 써줄 것이라고 하는지 잘 이해가 되질 않았다. 하지만 모처럼 지점장이 따로 불러서 특별히 충고를 해줬다는 생각이 들어, 시부야 지점에서 법인영업을 담당하게 되었을 때 "이이다 씨, 잘 부탁드립니다." "이 제안은 어떠세요, 야마모토 씨?"처럼 가능한 한 상대방의 이름을 부르도록 노력했다.

그런데 이 효과는 즉각적으로 나타났다. 그리고 이때 만난 사람들 중에는 내가 은행을 퇴직한 이후에도 개인적으로 계속 도움을 준 사람들이 몇 명이나 있다.

데일 카네기의 《카네기 인간관계론》에는 '발음하기 어려운 이름 때문에 항상 별명으로 불리던 사람의 이름을 정확하게 불러주었더니 상대방이 눈물을 흘리며 기뻐했다'는 이야기가 나온다. 이 정도로 이름이라는 것은 본인에겐 아주 중요한 의미를 가지는 것이다.

왜냐하면 이름은 본인의 중요한 정체성 중 하나이기 때문이다. 생일과 마찬가지로, 자신이 느끼는 중요성과 타인이 느끼는 중요성 간에는 큰 차이가 있다.

변호사가 된 이후, 처음 찾아오는 사람의 법률상담을 할 때 꼭 지키는 규칙 세 가지가 있다. 그것은 웃는 얼굴로 상대방의 이름을 부르고 상담 내용을 확인하는 것이다.

이를테면 다음과 같은 식이다.

"(웃는 얼굴로) 안녕하세요, 스즈키 씨. 오늘은 상속 상담을 받으러 오신다고 들었는데, 구체적으로 어떤 문제죠?"

상대방의 입장에서 보면, 생전 처음 만나보는 변호사라는 부류의 사람에게 자신의 고민이나 어려움을 밝혀야 하는 것이다. 그렇기에 조금이라도 이야기하기 편한 분위기를 만들어주려고 노력하는 것이다.

내가 가끔 찾는 정형외과의 의사도 상대방의 이름을 부르는 것이 습관화되어 있다.

항상 "쇼지 씨, 오늘은 무슨 일로 오셨어요?" "손을 이렇게 한 번 구부려보세요, 쇼지 씨"라고 말한다. 내가 그 병원에 가는 것은 1년에 고작 한두 번 정도인데도, 그때마다 정확하게 이름을 불러주는 의사를 보면 정말 친밀감이 느껴진다. 빌딩 3층이라는 불리한 입지조건에도 불구하고 항상 고령의 내원 환자가 넘쳐나는 이유는 '이름 부르기의 효과' 덕분일 것이라고 생각한다.

이처럼 이름은 본인에게 굉장히 중요한 의미를 가진다. 그렇기 때문에 편지나 이메일 등을 쓸 때 이름을 틀린다면 큰 손해로 이어질 것이다.

　이처럼 상대방의 이름을 정확하게 부르고 쓰는 것은 아주 중요하기 때문에, 이것이 설득이나 협상의 결과를 좌우할 수도 있다는 사실을 마음 깊이 새겨야 한다.

◆ 이름은 본인에게 중요한 정체성이 된다.
◆ '이름 부르기의 효과'는 생각 이상으로 크다. 사람은 이름으로 불리면 '이 사람이 나를 알고 있구나'라는 생각이 들어 기분이 매우 좋아진다.

12

자기 자신의 감정을
관리하는 것도 중요하다

포인트

이성에게 어필하려면 '상대방이 우울해할 때'를 노려라.

지금까지 설득의 이모저모를 살펴볼 때 주로 상대방의 심리에 대해 검토해 왔다. 여기서는 마지막으로 자기 자신의 심리 상태에 대해 생각해 보겠다.

자신의 심리 상태는 이미 잘 알고 있고 스스로 제어할 수 있다고 생각하는 사람도 있겠지만, 과연 정말 그럴까?

미국의 사회과학자 제니퍼 러너 등은 다음과 같은 실험을 실시했다.

실험 참가자들을 두 그룹으로 나눠서 A그룹에게는 슬픈 영화를 보여주고, 자신이 영화 주인공이라면 어떻게 느낄지 감상을 써보게 했다. B그룹에게는 아주 흔한 물고기 영상을 보여주고, 자신들의 평소 활동에 대해 써보게 했다.

그리고 영화와는 아무런 관계가 없는 조사라는 사실을 알려준 다음, 전원에게 형광펜 세트를 나눠줬다. 그 다음, 각 그룹의 절반에게 이것을 얼마라면 팔 것인지, 나머지 절반에게는 얼마라면 살 것인지를 물어보고, 각각 가격을 생각해 보도록 했다.

A그룹에 속한 구매자는 B그룹에 속한 구매자에 비해 약 30%나 높은 가격으로 사도 좋다고 대답했다.

A그룹에 속한 판매자는 B그룹에 속한 판매자에 비해 약 33%나 낮은 가격으로 팔아도 좋다고 대답했다.

즉, 슬픈 영화를 보고 주인공의 기분이 되어 감상문을 쓴 사람들은 그렇지 않은 사람들에 비해 30%나 높은 가격으로 사고, 33%나 낮은 가격으로 판다고 대답한 것이다. 마음이 약해졌기 때문이다.

이 실험 결과를 통해 알 수 있는 또 다른 사실은, 영화를 보고 고조된 감정이 가격을 판단할 때까지 지속되었다는 점을 참가자 자신도 전혀 깨닫지 못했다는 것이다.

결국 이 실험을 통해 인간의 행동은 자신도 모르는 사이에 이전의 감정에 의해 좌우되고 있다는 사실을 알 수 있다.

예를 들어 직장에서 슬픔을 느꼈던 사람은 퇴근 후 쇼핑을 가면 평소보다 돈을 더 많이 쓰기도 하고, 값비싼 물건을 사기도 한다. 자신은 직장에서 벗어나서 기분전환을 했다고 생각하겠지만 말이다.

그렇기 때문에 중요한 설득을 해야 할 경우에는 그 전에 자신이 어떤 감정 상태였는지를 확실하게 파악해 놓아야 한다.

상사에게 심하게 혼이 나거나 연인에게 버림을 받은 것처럼 감정이 크게 흔들린 일이 있었다면, 중요한 거래처 사람과는 만나지 않는 편이 좋다. 평소에는 생각지도 못한 낮은 조건을 제시할지도 모르기 때문이다.

슬픈 감정뿐만이 아니다. 분노의 감정이 지속되는 경우에도 그 후의 행동에 영향을 끼친다.

그렇기 때문에 감정이 크게 동요된 날에는 중요한 결단이 필요한 일은 하지 말아야 한다.

스케줄이 잡혀 있어서 어쩔 수 없는 경우에는, 화장실 같은 곳에 가서 눈을 감고 복식호흡을 5회 정도 해본다.

숨을 들이쉬는 시간의 2배 이상의 시간을 들여 내쉬는 것이 포인트이다.

숨을 내쉬는 동안은 부교감신경이 활성화되기 때문에 다소 냉정해지게 마련이다.

그 다음에는 자신이 이전에 있었던 일 때문에 감정에 휘둘리고 있지는 않은지 냉정하게 생각해 본다.

또 다른 하나의 냉정한 내가 지금 자신의 모습을 객관적으로 보고 있다고 상상하면 더 효과적이다. 이른바 '메타인지'를 이용하는 것이다.

이 방법만으로도 어느 정도 냉정을 되찾을 수 있기 때문에, 꼭 한번 실천해 보면 좋을 것 같다.

그렇다면 '포인트'에서 쓴 것처럼, 관심이 가는 이성이 있다면 그 사람이 슬픈 경험을 한 후에 다가가면 더 효과적일까?

앞서 소개한 러너의 실험에 따르면, 아마도 문턱이 평균 30% 정도는 낮아질 것이다.

이를테면 '위로를 받다 보니 그 사람이 좋아져 버렸다'라는 상황이다. 사실은 러너의 실험을 통해 이 원리가 증명되었던 것이다.

◆ 사람은 본인이 자각한 것 이상으로 감정의 영향을 받는다.
◆ 감정이 흔들리는 상태에서는 정확한 판단을 내리기 힘들다.

┃ 소소한 잡담의 기술 ③

앞의 두 칼럼에서는 잡담의 방법론에 대해 설명했다. 여기서는 마지막으로 조직 내의 잡담에 대해 검토해 보겠다.

20대~40대 회사원의 30%가 '잡담력'에 자신 없어한다는 것은 많은 사람들이 조직 내에서 잡담 능력이 부족하다고 느낀다는 것을 보여준다.

잡담을 나누는 사람들의 조직 내 관계성은 다음의 네 가지 패턴으로 분류할 수 있다.

1. 동성, 같은 세대
2. 이성, 같은 세대
3. 동성, 다른 세대
4. 이성, 다른 세대

먼저 1의 '동성, 같은 세대'부터 살펴보겠다.

같은 세대의 여성이라면 큰 고민이 없을 것이라고 생각된다. 한때 여성들이 많은 직장에서 일한 적이 있었다. 나는 그때 그 여성들이 잡담의 천재라는 생각까지 했다. 계속해서 새로운 화제가 등장하는 것을 보면서 감탄을 금치 못했기 때문이다.

같은 세대의 여성들 사이의 고민이라면 아마도 끼리끼리 어울린다거나 왕따 문제 등이 있겠지만, 그런 복잡한 문제는 여기서 생략하기로 한다.

같은 세대의 남성 역시 큰 걱정은 하지 않는다. 여성들처럼 잡담의 분위기가 달아오르지는 않지만, 세대가 비슷한 만큼 관심사나 취미가 많이 겹치기 때문에 서로를 대하는 것이 크게 힘들지는 않을 것이다. 익숙해질 때까지는 앞의 칼럼에서 소개한 '질문과 날씨'로 대처가 가능하다.

다음으로 2의 '이성, 같은 세대'의 관계에서는 경우에 따라 연애 관계로 발전할 가능성도 있기 때문에 미묘한 부분이 있다.

여자들이 잡담의 천재라는 점을 고려하면, 남자가 여자의 이야기를 듣는 역할을 하면 좋을 것 같다. 주위를 둘러보면 남자는 상대방의 관심 밖의 스포츠 이야기를 계속하고 있고, 여자는 흥미 없는 얼굴로 우두커니 앉아 있는 장면을 가끔 목격한다.

남자가 듣는 역할을 하며 '고마워'라는 말을 빈번하게 사용한다면, 같은 세대의 남녀 관계에서는 최소한 곤란한 일은 벌어지지 않을 것이다.

여자 입장에서는 힘이 많이 드는 일 등을 남자에게 부탁하고 고마운 마음을 확실하게 표시해 주면, 잡담의 계기가 될 수 있다. 크게 특이한 사람이 아니라면, 여자에게 그런 일을 부탁받았을 때 불쾌하다고 느끼는 남자는 거의 없을 것이기 때문이다.

3의 '동성, 다른 세대'와 4의 '이성, 다른 세대'에서는 남성인 상사와 젊은 사원 간의 관계에 대해 생각해 보겠다. 물론 최근에는 여성 상사도 많이 늘어났지만, 안타깝게도 아직 나에게는 경험이 없기 때문이다.

나에게 성별에 관계없이 젊은 사원이 남성 상사에게 할 수 있는 '결정적인 말 한마디'를 들라고 한다면, "팀장님이 입사했을 때는 어땠어요?"를 선택할 것이다.

이 말은 적용 범위가 아주 넓은 것이 특징이다.

"회사 주위에 음식점이 많은데, 팀장님이 입사했을 때는 어땠어요?" "최근 몇 년 동안 여름은 너무 덥고 겨울은 너무 추웠는데, 팀장님이 입사했을 때는 어땠어요?" 등등이다.

이처럼 '자신의 발견' 뒤에 "팀장님이 입사했을 때는 어땠어요?"를 붙인다면, 부하가 상사에게 할 수 있는 잡담의 소재를 얼마든지 발견할 수 있을 것이다.

문제는 상사가 부하에게 질문을 하는 경우이다.

'요즘 젊은 사람들은 대체 무슨 생각을 하는지 모르겠다'라는 말에서 상사의 고민이 여실하게 드러난다.

먼저, 앞서 설명한 것처럼 사적인 질문은 피해야 하지만, 사는 곳이나 출신지 또는 상대방이 적극적으로 어필하는 개인적인 이야기는 물어봐도 된다.

그런데 휴일에 무엇을 하는지 묻는 것도 사실 금기사항이다. 사생활까지 개입하는 것에 거부감을 느끼기 때문이다.

내가 사회인 3년차였을 무렵, 여성 은행원이 유급 휴가를 신청할 때마다 "어디 가는데?" "남자친구와 데이트?"라고 묻는 상사가 있었다. 이에 대해 당시 조합의 지부장(순번제로 순서가 돌아왔을 뿐이다)이었던 나는 "유급 휴가를 신청할 때 이유를 묻는 건 그만두었으면 좋겠습니다"라고 항의를 했다. 수십 년 전부터 사람들은 이런 질문을 싫어했던 것이다.

그렇다면 잡담 때문에 고생하는 팀장은 젊은 사람들과 어떤 방식으로 소통하면 좋을까?

무난한 방법으로는 "요즈음 젊은 사람들 사이에는 뭐가 유행이지?"라고 질문을 하는 방법이 있다.

이 질문은 부하의 성별에 관계없이 사용할 수 있기 때문에, 어떤 형태로든 반응을 이끌어낼 수 있다. 유행하는 노래, 스포츠, 방송 프로그램 등등 상황에 따라 넓은 범위에서 응용할 수 있기 때문에 아주 편리한 질문이다.

나 자신도 나이가 띠동갑 이상으로 차이 나는 여성 비서와 함께 점심식사를 할 때 자주 사용하는 질문이다. 그 덕분에 젊은 사람들의 관심사에 대해서도 재미있게 들을 수 있다.

이 경우에도 화제를 확장할 수 있는 질문을 하면, 이야기가 계속 이어질 수 있다. 예를 들어 "'도망부끄(도망치는 것은 부끄럽지만 도움이 된다)'라는 드라마가 인기 많은 것 같아요"라는 대답이 돌아왔을 때, 다음과 같이 말하면 이야기가 계속 이어진다.

"주연은 누구야?" "'도망부끄'는 무슨 줄임말이야?" "무엇 때문에 인기가 많지?" 등의 질문이다.

다음으로, 무언가를 가르쳐달라고 부탁하는 것도 좋은 방법이 될 수 있다.

"야마다 군, 미안하지만 이 스마트폰에서는 어떻게 해야 지도가 나오지?"라는 식으로 상대방이 잘 알 것 같은 전자기기 등의 사용방법을 물어보면, 젊은 사원은 물 만난 물고기처럼 신이 나서 사용법을 알려줄 것이다. 젊은 사람들 역시 자신이 잘 아는 분야에 대해서는 말을 하고 싶어 하는 욕구를 가지고 있기 때문이다.

중요한 점은, 상사가 필요 이상으로 부하에게 잘 보이려고 애쓰는 것이 아니라 자연스럽게 이야기를 해야 한다는 점이다. 부하의 기분을 지나치게 신경 쓰는 것 같은 느낌이 들면, 절대 좋은 인상을 남길 수 없다.

옮긴이의 글

예전부터 설득, 화술, 대화법을 주제로 한 서적에 대한 수요는 많았지만, 최근에는 관련 서적이 정말 다양하게 세분화되어 출판되고 있다. 이 책도 설득에 대한 책으로 '또?'라고 생각하는 사람이 있을지도 모른다. 하지만 어떤 기술을 익혀도, 어떤 전략을 짜도 말을 하는 것 자체가 어려운 사람들이 있다. 남들 앞에 서서 말을 하려면 자신이 없어지는 사람들이 생각보다 많다. 나는 이 책이야말로 그런 사람들에게 많은 도움이 될 것이라고 생각한다.

이 책의 저자 쇼지 마사히코는 도쿄대학교 법학부를 졸업한 변호사이다. 변호사는 말을 잘해야 성공하는 대표적인 직업 중 하나이다. 그뿐만이 아니라 변호사가 되기 전에는 은행에서 영업 업무를 담당하기도 했다. 영업 역시 말을 잘해야 살아남을 수 있기 때문에, 말을 잘하지 못하면 업무 자체가 불가능하다. 이런 저자가 소개하는 '설득' 방법에는 무언가 다른 점이 있을 것 같다는 생각이 들지 않는가?

그런데 의외로 이 책에서 저자는 말을 조리 있게 잘하거나 내용을 더 보충해서 설득에 성공하는 것보다는 설득을 하는 방식에 초점을 맞추고 있다. 프롤로그에서 제일 처음 소개하는 실험이 상징적이라고 할 수 있다. 미국에서 있었던 심리학자 낼리니 앰버디와 로버트 로젠탈의 실험이다. 결과적으로 이 실험에서 학생들은 교수를 평가할 때 강의의 내용보다는 그 이외의 다른 부분에 주목했다. 말하는 방식이라든지 동작 같은 것을 본 것이다.

그래서 이 책에서는 전반부에 먼저 설득, 협상, 프레젠테이션, 강의와 같은 상황에서 말의 내용 이외의 요소가 얼마나 중요한지에 대해 설명한 다음, 후반부에서 사람 사이의 오해나 상식의 충돌에 관한 이론과 사례 및 구체적인 대처법과 설득 기술을 소개한다. 특히 처음부터 끝까지 조금만 신경을 쓴다면 누구나 실천할 수 있는 유용한 기술을 다양하게 소개한다. 설득이 필요하다면 맑은 날에 하거나, 사무실에 편안한 의자를 준비하거나, 넥타이 또는 블라우스의 색을 이용하거나, 상대방과의 거리에 신경을 쓰거나, 상대방의 이름을 부르는 등 대체로 아주 간단해서 한번 시도해 볼 수 있겠다는 생각이 드는 방법들이다.

전부 딱히 돈이 드는 것도 아니고, 대단한 정성이 필요한 것도 아니다. 그렇다면 말의 내용에 조금 자신이 없거나 말을 그럴듯하게 잘하지 못하는 사람에게는 이 책이 단비와 같은 존재가 되지는 않을까? 이 책의 저자는 누군가를 설득하기 위해서 꼭 말을 잘할 필요는 없다고 지적한다. 자신이 없는 부분을 저자가 제시하는 33개의 스킬로 커버할 수 있을 것이기 때문이다. 개인적으로도 말을 잘하는 것에 조금 자신이 없는 사람들은 저자가 제시하는 '말보다 훨씬 효과적인 설득 수단' 중 마음에 드는 것으로 몇 가지라도 꼭 한번 시도해 보면 좋을 것 같다는 생각이 들었다.

이렇게 유용한 방법을 소개한다는 것 이외에 이 책의 또 하나의 장점은 인간의 보편적인 심리를 바탕으로 설명한다는 점이다. 그렇기 때문에 인간의 마음이 움직이게 되는 원인에 대해 쉽게 이해할 수 있다. 그리고 이런 인간 심리에 대한 이해가 바탕이 되기 때문에, 소개하는 갖가지 설득 기술이 더 설득력 있게 다가온다. 예를 들어 다양한 편향에 대해 이해하면, 타인의 행동을 이상하다고 생각하지 않고 포용력 있게 받아들일 수 있기 때문에 설득의 기술을 사용하기도 더 쉬워진다. 다짜고짜 이런 것이 설득하는 데 도움이 되니까 해보라고 해도 곤란하기 때문이다.

이 책은 저자도 강조하고 있듯이 실용서적이다. 실생활에 도움이 되어야 의미가 있는 책이다. 많은 사람들이 어떻게 하면 말을 잘할 수 있을지에 대해 결론이 나지 않을 고민만 하고 있는 것 같다. 과감하게 그런 고민은 그만두고, 이 책에서 소개하는 간편하지만 확실히 도움이 될 수 있는 '설득의 기술'을 사용해 자신감을 가지고 앞으로 나아갔으면 좋겠다.

이현욱

설득하지 않는
설득의 기술

2019년 10월 18일 1쇄 발행
2021년 4월 12일 2쇄 발행

지 은 이   쇼지 마사히코
옮 긴 이   이현욱
펴 낸 이   윤세민
편집주간   강경수
디 자 인   이정아
물류지원   이주완

펴 낸 곳   ㈜산솔미디어
등   록   제 406-2019-000036 호
주   소   경기도 파주시 재두루미길 150, 3층(신촌동)
          (서울사무소) 서울시 마포구 성산로2길 63(성산동) 태남빌딩 202호
전   화   02-3143-2660
팩   스   02-3143-2667
E - mail   sansolmedia@naver.com

ISBN   979-11-968053-1-9   03190

책값은 뒤표지에 있습니다.
잘못된 책은 구입하신 서점에서 바꾸어 드립니다.

* 이 도서의 국립중앙도서관 출판예정도서목록(CIP)은 서지정보유통지원시스템 홈페이지
  (http://seoji. nl. go. kr)와 국가자료공동목록시스템(http://www. nl. go. kr/kolisnet)에서
  이용하실 수 있습니다.
  (CIP제어번호: CIP2019037988)